档案信息化建设与管理研究

王兆欣 杜晨 于明霞 著

延吉·延边大学出版社

图书在版编目（CIP）数据

档案信息化建设与管理研究 / 王兆欣，杜晨，于明
霞著. -- 延吉 : 延边大学出版社，2024. 9. -- ISBN
978-7-230-07131-4

Ⅰ. G270.7

中国国家版本馆 CIP 数据核字第 2024ZH5543 号

档案信息化建设与管理研究

著　　者：王兆欣　杜　晨　于明霞

责任编辑：董德森

封面设计：文合文化

出版发行：延边大学出版社

社　　址：吉林省延吉市公园路 977 号

邮　　编：133002

网　　址：http://www.ydcbs.com

E-m a i l：ydcbs@ydcbs.com

电　　话：0451-51027069

传　　真：0433-2732434

发行电话：0433-2733056

印　　刷：三河市嵩川印刷有限公司

开　　本：787 mm×1092 mm　1/16

印　　张：9.75

字　　数：200 千字

版　　次：2024 年 9 月 第 1 版

印　　次：2025 年 1 月 第 1 次印刷

ISBN 978-7-230-07131-4

定　　价：68.00 元

前　言

信息化在人类文明方面引导着世界文明的发展进程，是当今社会一种不可阻挡的发展趋势，各行各业都在追逐着信息化的潮流。在我国，档案业与社会上的各行各业一样，其信息化的重要性越来越凸显。档案作为人类社会各项实践活动的真实记录，是社会的宝贵财富，是人类重要的文化遗产。档案记载着人类前进的脚步，传承着民族的优秀文化。因此，档案业的信息化作为一项重要的工作被提到议事日程上来。

当今社会不断进步，档案管理工作理应与时俱进，才能满足社会各行业对档案管理工作的实际需求。档案管理工作本身是一项系统、长期的烦琐工作。在档案管理工作实施的过程中，容易出现各种纰漏，不利于档案资源价值的利用。因此，在现代档案管理工作中，必须立足于档案管理工作实际，采取完善的档案管理制度，推进档案管理信息化进程，加强培养专业化档案管理人才，以此不断地提高档案管理水平，进一步推动档案管理事业的发展。基于此，本书以"档案信息化建设"为主要研究内容，旨在通过对档案信息化的理论内涵，以及档案信息化建设的目标、内容、任务和原则进行系统分析，探讨档案信息化建设的实施、档案信息数字化管理和档案管理信息系统建设的有效方案，以期为档案工作者从事相关工作提供一定的理论支持。

档案信息化的理论内涵揭示出档案具有"原始的历史记录"这一本质属性，档案工作的标准化对档案信息化建设十分必要。我国档案信息化建设经历了从萌芽起步，到快速推进，再到系统发展三个阶段的历程。从促进电子政务发展的角度考虑，档案信息化建设作为国家信息化建设的重要组成部分，其目标、内容、任务和原则应在国家信息化战略目标的要求下，结合档案部门的实际情况和工作需要来制定。

有效实施档案信息化建设需要依据三要素，即方法要科学、手段要先进、实施要得当。只有当领导和档案工作者都充分理解档案信息化和档案管理信息系统的必要性、重要性和有效性，且期待通过信息化来获得更大的效益时，档案管理信息系统的实施与应用才能实现。从档案信息化建设的数字资源的角度来看，档案信息数字化管理对档案信息化建设十分重要，因此，对档案信息数字化的目的、要求、标准必须明确。此外，档案工作者应根据档案部门的实际需要合理选择纸质档案、照片档案、音频档案和视频档案的数字化管理方法。针对档案管理信息系统的建设，档案部门及档案工作者应将档案资源、信息技术与制度规范有效结合，切实推动档案信息化建设，积极参与开发和应用档案管理软件，建设数字档案馆、数字档案室，建设和维护档案网站。

对档案部门来说，档案管理信息化是档案部门适应社会发展的必然选择，是提高社会服务能力的必然途径。同时，信息化的管理和建设是一项需要长期坚持的事。对档案工作者来说，将档案信息综合地、系统地、及时地提交给档案利用者是每个档案工作者义不容辞的责任。这就要求档案工作者更加细心、耐心，使得机读形式的档案信息具有系统性、真实性、有价值性，为档案利用者提供更为完善的服务。档案工作者要根据实际情况，实事求是地开展工作，明确工作目标并不断改进和完善档案管理制度，慢慢将传统的档案管理模式转变为符合时代要求的档案管理新模式。

目　录

第一章 档案信息化概述

第一节 档案的基本知识

一、档案的概念

文字的发明、社会生产力的发展、人类活动领域与范围的扩大、社会公共行政管理事务的需要，促使档案作为"人类历史的记忆"，在原始社会末期便产生了。在我国，档案的名称经历了较长时期的演变，最后才定在"档案"这一称谓上。根据史料，"档案"一词最早记载于清代顺治朝官府档案中。

（一）档案的一般定义

《中华人民共和国档案法》（以下简称《档案法》）第二条规定："本法所称档案，是指过去和现在的机关、团体、企业事业单位和其他组织以及个人从事经济、政治、文化、社会、生态文明、军事、外事、科技等方面活动直接形成的对国家和社会具有保存价值的各种文字、图表、声像等不同形式的历史记录。"

《档案工作基本术语》对档案的定义："国家机构、社会组织或个人在社会活动中直接形成的有价值的各种形式的历史记录。"

（二）档案一般定义的基本内涵

1.档案产生于各种社会组织和个人的社会实践活动中

档案的产生时间久远、产生领域广泛、内容构成丰富，其形成于人类的实践活动中，是人类社会历史的"记忆"和"再现"。人类实践活动涉及自然和社会的各个方面，既包括政治活动、军事活动、经济活动，也包括科学、技术、文化等；既涉及人类认识自然和社会以及改造自然和社会等方面，也涉及人类认识和改造自己的主观方面。

2.档案是保存备查的历史文件

档案由办理完毕且有保存价值的文件转化而来，这指明了档案的成因和价值因素。文件是各类社会组织和个人在履行职务、处理事务的实践活动中形成的具有效用的一切材料的总称。由于社会实践的持续性和继承性，未来仍具查考利用价值的文件被有规律、有规则地保存下来，因此转化成档案。可以说，现在的档案是过去的文件，现在的文件是将来的档案，二者具有天然的"血缘关系"。从某种意义上来说，"文件"和"档案"是同一事物在不同阶段的两种称呼或者两种表现。

文件转化为档案是有条件的。文件转化为档案一般需要具备三个条件，即办理完毕、具有保存价值、按照一定规律适当集中。所谓办理完毕，是指文件在文书处理程序上的办理完毕，而非办事程序和内容上的办理完毕。所谓具有保存价值，是指办理完毕的文件的未来使用价值，即未来有用性。具有保存价值的文件，是文件转化为档案的根本原因。所谓按照一定规律适当集中，是指必须按照文件之间的内在联系，通过一定的程序和方法将其集中起来规范整理，实现系统化、条理化。科学定义中的档案，不是孤立的或者杂乱无章的文件堆积，而是存在内在联系的、有价值的文件整体。

3.档案的形式多种多样

档案的形式多种多样揭示了档案的物质存在形态和形式范围。档案的形式是指档案文件的存在形式、内容记述、显示方式等因素。就档案信息载体而言，有泥板、纸草、甲骨、金石、缣帛、竹简、纸张、胶片、磁介质、光介质等；就信息表达方式而言，文书档案有法律、条例、办法、决定、指示、总结等，科技档案有产品图、竣工图、测绘图、气象图等；就档案材料制作方式而言，有刀刻、手写、印刷、摄影、录音、录像、复印、缩微等。档案形式的多样性要求其在实施档案管理活动时，要注意从档案形式方面构建合理、科学的档案库藏结构，丰富档案资源。

4.档案是"原始的历史记录"

这揭示了档案的本质属性，是档案定义的核心和实质。档案是"原始的历史记录"这一本质属性，是科学界定档案范围的根本标准，也是区分档案和非档案的根本标准。

（三）电子档案的定义与电子文件的特点

电子计算机技术的飞速发展，电子计算机技术和现代通信技术相结合促使信息技术产业的诞生，极大地推动了电子商务、电子政务的发展和办公自动化的深化，由此产生了电子公文、电子图书、电子图形图像、电子文献资料等电子文件。具有档案保存价值的电子文件经过归档，即形成电子档案。因此，电子档案就是人类在运用现代信息技术从事社会实践活动的过程中形成的具有保存备查价值的电子文件经过归档转化而来的原始历史记录。

电子文件具有这些特征：以数字形式存在，是数字化信息技术的产物；非人工直接识读性；对设备、技术的依赖性；物理结构与逻辑结构的复杂性及对元数据和背景信息的依赖性；文件信息与载体的相分离性和自由移动性；形成与更改易操作性；信息的流动性和资源利用的共享性。电子文件有文本文件、图像文件、图形文件、音频文件、多媒体文件、超媒体文件、程序文件、数据库文件等类型，而且，新的种类还会不断产生。电子档案的生成条件、运行过程、识读方式以及检索、传输、利用等均与传统档案存在较大的差异性，但在主要方面仍然符合档案一般定义所揭示的档案特质。

二、档案的属性

要科学管理档案，就必须掌握档案的属性。把握了档案的本质属性，才能科学区分档案和非档案；把握了档案的一般属性，才能正确理解档案与其他事物的关系，恰当处理好档案管理和其他相关工作的分工与协作，有效服务经济与社会建设事业。

（一）档案的本质属性

档案具有原始性、历史性、记录性，三者有机融合在档案这一特定事物中。"原始的历史记录"是档案的本质属性。

1.原始性

原始的含义是最初的、开始的、第一手的、最古老的、未开发的。说档案具有原始性，是"原始的历史记录"，就是指档案在内容和形式上是直接形成于其所记载和反映的特定主体的社会实践活动中的，而且是最初始的、第一手的、未开发的材料，即"没有掺过水分"的一次性文献。档案特别注重当时性和当事性。档案以文字、图像、声音等形式记录下客观活动过程中的具体情况，包括思想、计划、决策、具体内容、实施过程、质量与效果等；在档案中还大量地留存着当时产生的有关当事人的笔迹、图像、语音等若干原始痕迹符号，如领导签发与签署的笔迹、机关印章、个人私章、当事人的指纹、当事人的声音等。

原始性直接关系到档案的证据价值，这是一个根本性的问题。同时，也必须意识到，档案的原始性并非绝对的，仅仅是相对于当时、当事和特定主体而言的。还必须指出，电子档案虽存在易更改性，但从相对的角度来看，仍然具有原始性。随着电子文件及电子档案信息安全保障技术的日益完善，其典型意义上的原始性仍然是非常显著的。人们不能因尚未找到修复技术保障措施缺陷的有效办法，而去否认电子档案本身客观存在的原始性。

2.历史性

何谓历史？其含义可以从三方面认识：一是指时间上的"过去"；二是指事物发生、发展的全过程；三是从人们认识和研究历史的目的上讲，所谓历史，是"以过去之光照耀现在"。从整体上和科学的、典型的意义上讲，档案记载和反映的是"过去"的工作活动；档案对某个或者某类实践活动或现象的发生、发展、结果等全过程进行全面、系统、完整地记载和反映；档案的基本价值和使命以及档案管理的基本任务目标之一，是要"维护历史发展的真实面貌""再现历史的本来面貌"，充分发挥档案"以过去之光照耀现在"的历史作用，满足各方面利用需要，服务经济和社会建设事业。因此，档案具有突出的历史性。

3.记录性

档案的记录性指档案是基于某种需要而有意识地通过特定方式与方法形成和积累的。一方面，任何档案的形成都是有意识的而非无意识的，档案是人类有意识地制作和使用文件，并有意识地将完结文件中具有保存价值的部分经规范集中和系统整理后转化而来的；另一方面，文件和档案都以文字、声音、图像、数字、图形、线条等符号记录了当时、当事和特定主体开展工作、处理事务的具体思想、活动过程及其成果情况。文献所蕴含的知识与信息是人们用各种方式有意识地将其记录在载体上的，而不是天然荷载在物质实体上的。

总之，"原始的历史记录"是档案的本质规定性，是档案区别于文物、图书、资料、情报、文件等若干种非档案事物的显著标志和本质特点；"原始的历史记录"也是档案的根本价值所在。由此决定了，只有维护档案的真实历史面貌才能保证档案的根本价值。任何对档案真实性的破坏，都将严重损害档案的根本价值。

档案虽然与文物、图书、资料、情报、文件等有质的区别，但它们之间也客观地存在着内容不同、程度不同的某些联系，有时甚至呈现出交叉、重合的关系。因此，在实践中，一方面要按档案自身的特点管理档案；另一方面要适应信息资源管理的时代要求，积极推进档案与文物、图书、资料、情报、文件等的管理一体化。

（二）档案的一般属性

目前，关于档案的一般属性，形成了知识性、信息性、文化性、资源性、物质实体性、人工记录性、动态发展性等成果。在这里主要就档案的知识性、信息性、文化性、资源性进行介绍。

1.档案的知识性

简单而言，知识就是人们对主观世界和客观世界认知的成果，而这种认知总是和人类实践活动密切相连的。马克思主义认为，每个人的知识虽然都由直接知识和间接知识所构成，但从根本上和整体上说，又都是从实践中获得的，离开了实践也就无所谓知识的正确获得、科学运用、有效积累和传承与发展。人们把各项实践活动中所获得的认识和经验加以总结和深化，就成了知识。从现代知识管理的角度讲，文件、档案作为活动的记录，凝结了实践活动者在从事各项活动过程中获得的认识、体会、经验和教训，一般是最主要的显性知识。正如 IBM Lotus 公司知识管理软件产品白皮书指出的那样，文档是知识的容器，是已经物化的显性知识，其中蕴含了大量本企业的知识财产。从某种意义上说，文件、档案是企业最重要的知识资源，企业文件与档案管理是知识资源管理的重要组成，知识资源的管理应成为文件与档案管理的发展方向和核心内容。

总之，档案的形成是产生、提炼和存贮知识的过程，积累档案是积累知识，管理档案是管理知识，利用档案是传播知识。档案中蕴含的知识是一切文献知识中最基础的知识，档案是其他文献知识的基本起点和源泉，是知识继承和发展的重要基础和前提条件之一。

2.档案的信息性

信息是客观世界中各种事物变化和特征的最新反映，是客观事物间联系的表征，是客观事物经过传递后的再现。信息是事物的普遍属性，是人们感知事物的中介，能够给人们提供事物性质及运动状态的知识，消除不确定性，向有序化和组织化方向发展。信息来源于物质，但又可以脱离物质而被传递和贮存；信息与载体具有不可分性，必须依附于物质载体而存在和交流。信息按产生先后和加工程度可分为零次信息、一次信息、二次信息和三次信息；按存在的领域可分为自然信息、社会信息和知识信息；按来源与表现形态可分为直接信息和间接信息。信息，特别是间接信息，具有比较显著的价值性、传递性、可存贮性、可加工性、延续性、可继承性和可开发性等特性。因而，信息在一定条件下是可以转化为生产力或者呈现出其他方面的价值的。

从信息的含义、特征、种类、作用中不难发现，档案是一次信息、社会信息、间接信息，属于信息的范畴，具有强烈的信息属性。

具体地讲，档案是人们在社会实践活动中形成的，真实地记录了各种实践活动的整个过程、具体运动状态和存在方式。档案所储备的是人们实践活动中直接产生和形成的原生信息。在各种文献中，直接记录和储备原生信息的只有档案。人们在实践中，既不断地从自然和社会中摄取各种零次信息，又不断地形成新的思想认识，取得成功的经验或失败的教训，获得这样或那样的实践成果。所有这些信息，都首先是借助纸张、胶片、磁带或者其他载体，通过刀刻、手写、印刷、摄影、录音、录像等各种记录方式，以档案的形式记载和存贮下来，被人们在实践中查阅利用的。而且档案承载的信息具有原始记录性，记载和描述了最直接、最原始的运动状态、运动过程，其是真实的，具有极其明显和突出的凭证价值。档案信息是社会信息中最基本的一种存在形式，通常是其他形式的信息源。档案信息的原始性、真实性和可靠性，使得其在整个信息家族中具有非常特殊的地位和作用，极具价值。

信息技术迅速发展，信息领域的变革促进了档案领域的历史性变革。一方面，档案信息受到了社会的广泛关注和重视，社会对档案信息的需求被深度激发，档案信息共享成为历史的必然和潮流；另一方面，各种信息存取技术、新型文献载体、大容量数据库以及局域网、国际互联网的广泛应用，对档案信息的管理和利用提出了新的要求。新技术和新需求彰显了档案的信息属性和信息价值，促进了广泛而强烈的社会需求的迸发，极大地推动了档案信息化建设的进程。

3.档案的文化性

从文化的角度分析，档案不仅具有知识性、信息性、资源性，还具有显著的文化性。之所以这样讲，一是因为档案的产生和历史演进本身就是人类文化的产物和文化发展的结果，档案就是文化的一种表现形式；二是因为档案还具有记载和积累文化的作用；三是因为档案具有传播文化的功能，是一种重要的文化传播手段。站在这个意义上说，档案又是一种文化资源。

4.档案的资源性

简单而言，资源是指能够带来经济效益和社会效益的要素。现代意义上的资源观，不仅要看到人、财、物等资源，还要从更广阔意义上理解资源。比如，知识是资源，信息是资源，关系是资源，渠道是资源，建议是资源，客户是资源，商标、品牌、厂名、地理位置是资源；商誉是资源，诚信度是资源，机制是资源，管理方法是资源，思想观念是资源等。不仅要看到硬性资源，还要看到软性资源；不仅要看到有形资源，还要看到无形资源；不仅要看到物质性资源，还要看到精神性资源。正确把握和调动各种资源，才能够使其发挥作用，创造出更加辉煌的业绩。

21世纪是以知识和信息为特征的，知识和信息都是21世纪最基本、最重要的资源。可以肯定地说，档案具有资源性，是一种重要的知识资源、信息资源。例如，从相对传统的角度讲，企业档案信息是具有重要情报价值的经济资源和管理资源，而且已经成为企业资源计划和企业业务流程重组实施的基础。在企业资源计划中，各项经营管理活动都被看成是供需链上的环节，它们之间的关系也化为一种信息流，在内部流通和共享。如果没有档案信息（特别是有关客户和供应商的档案信息）在管理业务流程上的传输和共享，就不可能实现各种管理信息的集成，更无法实现企业业务流程重组。可见，档案的资源属性和资源价值是显著的。

综上所述，档案是一种知识，是一种信息，是一种文化产物，是一种文化承载与传播形式，是社会资源的重要组成部分。

三、档案的一般形成规律和历史联系

（一）档案的一般形成规律

档案是社会组织或个人在履行职能任务或实施个人事务过程中形成并办理完毕且有保存价值的文件转化而来的产物，与其记载和反映的社会实践活动"间接同步""成套"地形成，并与其产生的社会文明和技术环境不可分离。在档案管理中，只有充分地研究和尊重档案的形成规律以及由此决定的档案内在联系，才能管理好档案，有效促进档案资源的开发与利用。

档案是与其记载和反映的社会实践活动"间接同步"形成的。档案由文件转化而来，从内容和形式上看，文件和档案是同一事物，没有丝毫差异；而文件是作为有关社会活动的内容组成部分与社会活动直接同步形成的。因此，从内容和形式上看，档案也是与有关社会活动同步形成的。但是，基于"社会实践活动—文件—档案"的脉络，严格、完整、典型意义上的档案与社会实践活动的关系是一种间接性的关系。所以只能认为，档案是与其记载和反映的社会实践活动"间接同步"形成的。

档案是"成套"形成的。任何一项社会活动中所形成的文件一般都自然"成套"，完整地记录和再现该项特定实践活动的发生（或筹备）、演变（或经过）、结果、事后影响（效果）。就积累知识和经验、记录历史的需要而言，保持材料成套性，完整反映每一项活动是一种客观要求。只有"成套"形成的档案才有利于实现档案的价值和使命。

档案是与特定社会文明及技术环境不可分离的。从实质上看，档案的演进是与人类文明的发展相一致的，与特定历史背景下的技术条件不可分离。例如，金石档案的产生与当时的青铜冶炼和青铜器制作工艺密不可分；纸质档案的产生是由于造纸术的发明，并随着雕刻技术和印刷技术的产生与发展而日益普及，进而成为人类近 2000 年来主要的信息记载与传播工具；音频、视频档案离开了特定的阅读设备是无法进行识读和利用的，而在现代电子化和信息技术条件下的电子档案，其生成、阅读、利用与计算机技术、网络技术、现代通信技术以及相关的支持软件、网络系统、硬件设备等具有极为显著的不可分离性。

（二）档案的历史联系

1.档案历史联系的因素

档案的历史联系由档案的形成规律决定，档案之间具有客观、内在的历史联系，必须以科学的态度和方法努力地认识它、把握它、揭示它、保持它、利用它。保持联系是档案管理中的基本原则和根本性要求之一。把握档案的历史联系，一般主要研究以下方面因素：

从档案的基本形成特点看，第一，人类实践活动在时间上是延续、继承和发展的，"今天"的活动总是"昨天"的延续、继承和发展，"明天"的活动也必然是在"今天"活动的基础上合乎规律的客观发展结果。就这个意义而言，档案在时间上具有突出的延续性和顺序性。第二，人类实践活动在空间上是密切相关的，每一个社会组织和个人的实践活动绝不是彼此孤立的，而是不同程度相互联系着的，具有空间关联性。作为与实践活动"间接同步"形成的档案,都是围绕机关、单位的职能任务,具体形成于为实现特定目的而开展的每一项活动的全过程中,客观地有着某种职能、目的、活动、形成过程方面的同一性和相互间的逻辑联系性。

从档案材料本身的基本构成要素看,文件一般都有责任者、事由(问题或内容)、时间、空间(地区)、文种五个内容要素。这些要素既是区分文件的五个方面,又是分析和把握文件之间具体联系的五个方面。抽象地从这个角度看,档案具有责任者联系、事由(问题或内容)联系、文种联系、时间联系、空间联系五种联系。

综上,档案的历史联系可归纳为来源联系、内容联系、时间联系、形式联系。

2.档案历史联系的内容及其对档案管理实践的主要要求

(1)来源联系

来源联系是指档案间在来源上具有同一性,或者是实体来源上的同一性,抑或是概念来源上的同一性。所谓实体来源,是指以档案形成者为中心的档案实际来源。实体来源具有较强的可操作性,成为档案收集、整理、保管、检索等实务活动的直接依据和具体方法。概念来源是指电子档案基于计算机虚拟管理实际而具有的某种职能、目的、活动、形成过程等来源。

不论是实体来源还是概念来源,对档案管理实践均有指导价值,都要求保持同一来源的档案或档案信息的适度归集,不同的来源应当采取适当方式区分。其中,实体来源联系要求管理档案实体必须区分全宗,在全宗内分类时可采用机构分类法,在档案实体材料排列时可根据具体情况适当采用机构序列排列法。

(2)内容联系

内容联系是指档案材料在内容上的同一性。内容是档案构成要素中最实质、最稳定的核心性要素,是社会利用档案的主要需求对象。因此,档案管理一般都必须优先、充分地考虑和保持内容联系。遵循和保持内容联系,一方面要求将内容相同的档案集中在一起,一般按照内容的重要程度或内容间的逻辑关系进行科学排列;另一方面要求将不同内容的档案区分开来,不可交叉混杂。在档案分类时采用问题分类法,排列时采用内容重要程度或内容间逻辑关系排列法,进行档案检索以及档案信息开发与提供利用服务时,充分挖掘档案内容因素的价值。

(3)时间联系

时间联系是档案间存在的客观联系,是指档案材料在时间上的相同性及顺序性。遵循和保持档案间的时间联系,一方面要求将时间相同的档案集中在一起,不能分散、割裂；另一方面又要求将时间不同的档案区分开，并按照时间上的顺序进行排列。保持档案之间的时间联系，要求在全宗内档案分类时应采用年度分类法，进行文件排序时应采用时间排列法，进行档案编目及信息开发时应准确标写或反映出时间。

（4）形式联系

档案的形式联系是指在文种、载体等方面的联系。形式联系虽非档案间的主要联系和实质联系，但对档案管理实务也具有重要作用。在实践中，不同载体、不同存储手段的档案及档案信息应当分开保管。例如，纸质档案、胶片档案与磁介质档案等应当分库存放。

四、档案的价值

（一）档案价值的概念及其基本内容

档案的价值是档案和档案管理工作存在与发展的生命力之所在。所谓档案的价值，是指档案的利用价值，亦即档案对社会需要的满足，或者说是档案对满足社会需求的有用性。档案的属性，特别是本质属性能够满足社会的某种需求时，就形成了档案的价值。档案的价值问题是事关档案"生死"、决定档案事业"存亡"的最根本的问题之一。需要指出的是，档案不是商品，因而档案的价值不是政治经济学上定义的价值，而是指档案的使用价值或者说是它的有用性。

档案能够满足社会需要的有用性，虽然其具体表现呈现出多样性、变动性，但归纳起来，基础性的价值主要有两方面：凭证价值、参考价值。档案的其他具体价值都是以此为基础的，可以说没有凭证价值和参考价值，文化价值、资源价值等均无从谈起。

档案的凭证价值是指档案由其本质属性决定而具有的证据价值，可以起到其他文献无法比拟的证据作用。档案的凭证价值是档案最基本和最基础的价值，没有这一点，档案也就根本不可能具有并发挥任何其他的作用。档案具有凭证价值是由其形成规律和档案自身特点所决定的。从档案形成过程及其结果上看，档案是从当时、当事直接使用的文件转化而来的，并非在使用之际临时编造的，它客观地记录了以往的历史情况，是历史真迹，是令人信服的历史证据，具有无可置辩的证据作用。从档案本身的物理形态上看，文件上保留着真切的历史标记。例如，有的文件上有当事人的亲笔签署或批示，有的文件上有机关或个人的印信，而有的文件上则有原来形象的照片、录像和原声的录音等，这些就成了日后查考、研究、争辩和处理问题的依据。这些原始标记进一步证明了档案是确凿的原始材料和历史证据，是真实的历史凭证。

档案的参考价值是指档案由其基本属性所决定而具有对他时、他人、他事的借鉴价值。档案作为人类实践的真实原始记录，客观记录了实践的思想、活动经过、方法与技术、成绩与问题、经验与教训以及对实践活动相关规律的认识等。档案来源非常广泛，记录的知识信息内容极其丰富。档案中有思想观点和实践事实，有成功的经验和失败的教训，既涉及社会的变革，也涉及生产的发展，这些都可为他人和后人提供借鉴，使人们在工作和学习中少走弯路，尽快达到目的。人类社会发展的连续性、承继性，需要档案发挥参考甚至依据作用。与图书、资料等相比较，档案的参考价值具有更强的可靠性、系统性。档案是原始记录，是第一手的资料，并且具有来源广泛、内容丰富的特点，可以满足各类社会组织和个人的利用需求，任何单位或个人遇有难题，都可以到档案部门参考档案，寻找答案。

（二）辩证地认识档案价值

从主体与客体关系角度认识，档案的价值实际上是档案的客观属性与利用主体需求间交互作用结果的客观反映。如果档案仅有某种属性却无利用主体或者与利用主体需求不相匹配，其所谓的"满足社会需求的有用性"也就根本无从谈起；如果仅有社会利用主体的某种需求，但没有与需求匹配的档案，则社会需求也无从满足。所以，档案的价值应是一个具有社会属性的概念，是档案能够同社会利用主体的实践活动及其具体利用需求相联系、相匹配的一种属性，属于关系范畴的概念。档案的属性只有同主体的需求联系起来并得到肯定时才谈得上具有价值，也才能构成档案的价值。这就要求档案部门一定要科学地、全面地分析档案的客观属性，准确判断社会实践活动各方主体对档案信息的需求，有效促成二者间的结合。

1.从静态与动态结合上认识

一方面，档案的价值就是档案的客观属性与档案利用主体需求之间交互作用的结果的客观反映；另一方面，档案客观上具有的可以满足社会需求的潜在有用性是多方面的，从理论上说完全能够满足不同时期、不同领域、不同主体的不同需求。此外，主体对档案的需求，客观地呈现出明显的层次性和变动性。因此，对档案价值的认知、利用、评价，应坚持马克思主义唯物辩证法，从静态和动态两方面进行全面分析与把握。这就要求档案部门在研究和开发档案信息资源时，要坚持"围绕中心，服务重点"的原则，分析并发掘档案的价值，从宏观层面上找到服务的联接部；同时，对潜在和现实的具体需求内容与规律加强研究，要把握和利用好档案价值的多维性、间接性，判断微观利用主体的需求，提高服务的具体针对性。

2.从对个体的价值与对国家和社会的价值上认识

档案的价值是多方面的，而且在满足社会需求上，因主体的动机和目的不同而呈现出不同的层次性，"对单个社会组织或者个人具体需求的满足"和"对国家和社会需求的满足"即其表现之一。应当说，"对单个社会组织或者个人具体需求的满足"和"对国家和社会需求的满足"是既统一又对立的关系。一方面，"对国家和社会需求的满足"并不是抽象的和不可触摸的，它一般是通过"对单个社会组织或者个人具体需求的满足"来实现的，二者在整体上和根本上是一致的，具有统一性；另一方面，二者毕竟又是分别处于不同层面上的价值，是档案对不同层次的主体需求予以满足所呈现出的"有用性"。因此，在分析档案价值时必须坚持全面的观点，处理好具体与一般、局部与整体、个体与社会之间的关系。在档案信息资源开发与利用服务中，既要立足于首先满足每一特定利用主体的利用需求，又要紧紧围绕党和国家以及地区、行业、单位的中心工作、重点项目等，通过有效满足个体利用需求实现对国家和社会整体需求的满足。

3.从有用性与可用性上认识

档案对满足各种需求是有用的，具有多角度、多层次的有用性。但是具备有用性仅是档案价值问题的一个方面而已，更为重要和更有价值的是问题的另一方面，即可用性。如前所述，只有有用的档案真正与社会利用主体的具体需求相吻合，并通过利用主体的实际有效利用，现实地满足社会需求，才能获得社会的认同，才会真正被认为是有价值的，否则档案和档案工作的"立足之地"将岌岌可危。因此，档案部门不仅要大力宣传档案和档案工作的价值，营造必要的有关档案价值的社会意识环境；更为重要和关键的，应当是在坚实地做好档案资源基础性管理工作的条件下，千方百计抓准需求，全面、深入、动态地系统开掘、综合分析档案价值的形态与内容，运用传统和现代的有效技术手段与方法，编制科学的检索工具，建立完整、实用的检索体系，不断生产适销对路的档案信息产品，提升对社会各方面利用需求准确、及时、有效满足的实际水平。

4.从工具价值与文化价值上认识

客观地讲，档案作为人类社会实践的成果，具有显著而强烈的文化性，具有传承人类文化的重要作用，是一种无可比拟和无可替代的文化资源，具有文化价值。但同时也必须认识到，档案还呈现出工具性的一面，即还具有工具价值。档案产生和需要保存的原因是"保存备查"，为"备查"而"保存"，因"保存"而能够"备查"，因保存而可以实现"今世赖之以知古，后世赖之以知今"。这已经充分说明，档案产生、积累和保存的直接原因和目的之一，就是作为一种必要的工具和手段。实事求是地说，工具性应该是档案的一种基础性属性，如果没有档案这种工具，就无法记载和反映历史的真实面貌，无法传承文化，无法凭证和参考。因此，工具价值也就自然地成为档案的一种基础性价值。

当然，从实质上说，工具价值仅是档案的一种形式价值，文化价值才是其内涵价值。认识和开掘档案价值，既要着力于档案的文化价值，发挥其文化资源的作用，也要对其工具价值足够重视。要正确处理好内容与形式、目的与手段的关系。

五、档案的一般作用

档案的一般作用是档案基本价值的具体表现。档案是由机关等社会组织在过去活动中形成的文件转化而来的，记录和反映了社会组织过去各方面活动的情况，在最初主要是为社会组织工作服务的。社会组织要保证其工作的正常开展和延续，一般必须查考利用档案，因而档案工作成为社会组织行政管理工作的重要组成部分。各社会组织在工作中，为了解组织历史，为增强职工主人翁责任感而进行教育，为塑造良好的组织形象而进行社会宣传，为科学决策和制定切实可行的管理规章，为掌握工作规律或寻求解决问题的办法等，通常都需要查考利用档案。无案可查或有案不查，都会给工作带来困难。

（一）生产建设的参考依据

档案记载了各种生产活动的情况、成果和经验教训，也反映了自然资源、生产条件、生产管理和生产技术等方面的信息，是经济管理和生产建设的重要依据与有益参考。例如，以档案为依据，将西昌确定为我国的卫星发射基地；科技工作中复用技术图纸及技术参数，以节约劳动耗费、创造经济效益；利用档案帮助确定经济建设项目；利用档案帮助制定经济技术指标等。尤其是科技档案，更是现代化生产与管理不可或缺的条件。不论是制定一个地区、一个部门的生产发展规划，还是生产某个产品、进行某项技术改造，都要利用档案。在全面建设节约型社会的今天，更应重视档案特有的作用。

（二）科学研究的必要条件

任何研究都必须以广泛占有材料为基础，以材料的真实可靠性为前提。例如，司马迁撰写《史记》、司马光组织撰写《资治通鉴》等均大量利用了档案；马克思在撰写《资本论》时，大量研究和利用了工厂视察员报告，皇家铁道委员会记录及证词，其他各种文件中有关工人劳动、工资、生活乃至居住条件等大批档案材料。如果不利用档案文献，不但不能完整、准确地掌握业界研究状况，不能科学把握相关领域实践成就及规律等基础信息，还可能造成损失，影响工作的效率与效益。"科学研究是站在前人肩膀上向上攀登的事业"，这一形象比喻道出了大量掌握、研究、学习借鉴前人的研究成果和经验的无比重要性。档案一方面能提供原始的记录，以供直接借鉴；另一方面能以其记载的大量的事实、经验和实验、观察结果，为现实的研究提供基础材料。

（三）宣传教育的生动素材

档案再现了丰富多彩的历史，记载了各个历史时期进步势力、英雄人物的光辉事迹；记载了社会主义建设事业取得的成就；记载了特定组织取得的生产、建设、服务的每一项成果；记载了涌现出的先进模范人物的榜样事迹。档案在革命历史教育、爱国主义教育、社会主义现代化成就教育、社会主义法治教育、改革创新思想教育等方面起着更为重要的作用，而且和其他宣传素材相比，档案具备原始性、直观性、具体性和生动性等特点，利用档案开展宣传教育具有强大的说服力和感染力，有助于收到良好的成效。档案部门应充分认识这一点，努力把档案馆（室）建设成国家、社会、单位宣传教育的重要基地。

档案作用的发挥有其特定的规律性，正确认识和把握其规律，有助于增强针对性，便于采取措施，促进档案价值的充分实现。档案作用发挥的规律性主要有四方面：第一，档案作用范围随着时间的推移和作用性质的变化，会逐步从主要服务于其形成者扩大到包括形成者在内的社会各面；第二，随着时间的推移和条件的变化，档案的保密范围会逐渐缩小，保密等级会逐步降低，开放程度日益提高，可供社会共同利用的非密档案将越来越多；第三，基于多维性、间接性特点，随着时间、条件和人们利用目的的变化，档案将逐步从主要发挥现行作用转变为主要发挥科学文化作用；第四，档案作用能否充分发挥，与特定的条件直接相关，受到社会制度、政治路线、政策状况、社会档案意识和社会利用实践、档案管理与服务水平等诸多条件的影响。

第二节 档案工作概述

广义的档案工作同义于档案事业，是指管理档案和档案事业的活动，包括档案行政管理工作、档案馆工作、档案室工作、档案教育工作、档案科学研究工作和档案出版工作等。狭义的档案工作是指档案管理工作，即档案收集、鉴定、整理、保管、检索、信息开发与提供利用、统计等实践活动，通常是档案室（馆）开展的业务工作。

一、档案工作的内容与性质

（一）档案工作的内容

档案工作的具体内容可谓纷繁复杂、丰富多彩，归纳起来主要有以下几方面的内容：

1.档案收集

档案收集是指档案馆、档案室接收或征集档案和其他有关文献的活动。收集的任务是实现档案从相对零散向集中的转化，并为国家和社会积累档案财富。通过收集工作，为档案的系统保存与有效利用奠定基础条件。

2.档案鉴定

传统意义上的档案鉴定，主要是指鉴别档案真伪和判定档案价值的活动。档案鉴定的目的，一是尽量地保管有保存价值的档案；二是确保档案的真实可靠；三是区分重要与相对次要的档案，使档案保管机构的人力、物力和财力能够充分发挥作用。随着电子档案数量的不断增加及管理与利用的日益普遍，对电子档案的鉴定除上述内容外，还包括进行必要的技术鉴定，确保其运行与识读顺畅。

3.档案整理

档案整理主要是指按照一定的原则,系统地对档案进行全宗区分以及全宗内的分类、排列、编目、组合、包装等,使之从相对"凌乱"转变为"系统"的有序化过程。通过档案整理工作,使来源广泛、内容复杂、形式多样、数量庞大的档案条理化、系统化,为档案的科学保管、有效检索、系统开发和全面利用打下坚实的基础。

4.档案保管

档案保管是维护档案信息及其载体的完整与安全的活动。档案保管的内容主要有两方面,一方面是与各种损害档案信息及其载体安全的因素进行不懈的斗争,维护档案及其信息存储的有序性;另一方面是通过科学管理方便利用。保管的目的与任务是让档案"延年益寿"。

5.档案检索

档案检索是指存贮和查找档案信息的过程。通过档案检索工作,可以多途径、多形式地揭示档案的内容与成分,提供找寻档案的手段与方式。

6.档案信息开发

档案信息开发即科学开掘和发现档案的价值与作用,并通过适当的渠道、适当的方式、适当的方法,适时将其传递给档案利用者,以满足社会利用需求的活动。就我国的档案信息开发实践而言,一般就是档案编研。档案编研是指在研究档案和社会需要的基础上,按照一定的题目、体例和方法编辑档案文献的活动。通过档案编研工作,一方面,可以发现档案的有用性,从而提高档案的可用性,有效满足社会需要,及时实现档案价值;另一方面,不仅有利于让档案信息以编研成果的形式长远流传,而且有助于延长档案原件的寿命。

7.档案利用服务

档案利用服务也称档案提供利用,是指档案部门通过阅览、复制、摘录、上网等方式,为档案利用者及时、准确地提供其所需档案信息进行使用的活动。档案利用服务既是档案管理工作根本属性的体现,也是档案管理工作的最终目的。通过有效利用服务活动,可以使档案和档案管理实践活动的价值得以体现和实现。

8.档案统计

档案统计是指对反映和说明档案及档案工作现象的数量特征进行收集、整理和分析的活动。通过档案统计工作，可以让人们对档案"心中有数"，并反映出档案工作的成绩或不足，有利于促进档案管理水平与绩效水平的不断提高。

（二）档案工作的性质

就基本性质而言，档案工作具有显著的服务性、管理性、文化性、政治性。

1.档案工作是一项服务性的工作

档案工作，就其实质性的基本内容和作用方式而言，主要是通过管理档案和开展档案信息资源利用服务活动来满足社会各方面需求，为生产、建设、管理、服务等社会活动的顺利推进并取得实效提供必要条件的工作。档案价值和作用的实现，即档案管理劳动的价值和作用的体现具有间接性，必须以社会有关领域的档案利用者的实际有效利用为"媒介"，并通过档案利用者利用后创造的经济效益与社会效益反映出来。因此，档案工作具有显著的服务性，档案工作者必须树立坚定的服务思想，富有"绿叶"精神。

2.档案工作是一项管理性的工作

主要有两方面的理由：第一，档案工作自身是一项以档案为管理对象的专业性管理工作，自身有一套科学的管理理论、管理方法和管理技术，有其特殊的规律和丰富的科学内容；第二，档案工作是社会管理和其他专业管理工作的重要组成部分之一。从系统论的观点看，档案工作这一相对独立的管理系统是处于不同规模和层次的更大管理系统之中的。一方面，档案管理工作融于其他管理工作之中；另一方面，其他管理工作也离不开档案管理工作。例如，人事管理离不开人事档案，会计管理离不开会计档案，教学管理离不开教学档案，人事档案工作、会计档案工作、教学档案工作分别融于人事、会计、教学等管理工作之中，并成为其实施管理的基础性工作。

3.档案工作是一项具有文化性的工作

档案具有文化性，是一种重要的文化资源，因此，以档案为管理的基本对象、以档案为服务社会的基本条件的档案工作，自然也成为具有文化性的工作，甚至可以说是文化工作的重要组成。特别是档案馆工作，其在人类社会文化传承中的作用决定了它显著的社会文化性，主要表现在四方面：其一，档案馆具有保存历史文化遗产的作用；其二，档案馆具有传播社会文化知识与信息的作用；其三档案馆具有社会文化教育的作用；其四，档案馆具有发展科学文化的作用。

4.档案工作是一项具有政治性的工作

这主要表现在三方面：第一，服务方向是其政治性的集中表现，如果服务的方向错误，不但不会使档案发挥为党和国家服务的作用，还可能造成危害党和国家利益的后果；第二，机要性是其政治性的重要表现；第三，档案工作是"存信史""留真实"的工作，基本使命是维护历史本来面貌。因此，档案工作者应当增强党性原则，坚持辩证唯物主义和历史唯物主义，坚持实事求是，保护档案不受破坏和歪曲，并积极地用档案去印证历史、校对历史。

二、我国档案工作的基本原则

《档案法》第四条规定："档案工作实行统一领导、分级管理的原则，维护档案完整与安全，便于社会各方面的利用。"这就是档案工作的基本原则。

（一）统一领导、分级集中管理国家全部档案

统一领导，统一管理。统一领导是指国家档案工作由国务院统一领导，地方档案工作由地方各级人民政府直接统一领导。《档案法》规定："各级人民政府应当加强档案工作，把档案事业纳入国民经济和社会发展规划"。统一管理是指国家档案局对全国档案事业进行统一的宏观管理，全面规划、统筹安排，制定统一的制度、标准、规章等；地方和专业（行业）的档案工作由地方档案行政管理部门或中央专业（行业）主管部门统一实施业务管理。

档案工作，由各级档案行政管理机构统一地、分层次地进行监督和指导。全国各机关、企事业单位档案工作和各级各类档案馆工作，均由相应的各级档案行政管理机构进行统一的指导、监督、检查。同时，各机关、企事业单位的档案机构和各级各类档案馆，必须按统一的规章制度和办法实施档案管理，不得自行其是。

档案由各级档案机构分别集中保存，并实行党、政档案的统一管理。各机关、团体、企事业单位等组织形成的全部档案，必须统一由本单位档案机构集中管理，不得由承办单位或个人分散保存，更不得据为己有；需要长久保存的，应按规定集中到有关档案馆保管。《档案法》将不按规定或不按期移交档案的行为视为违法行为。

在国家档案局统一掌管下，以专业主管机关为主、以各级档案行政管理机关为辅的

管理体制，在纵向上实行"按专业统一管理"，在横向上由地方各级档案行政管理部门对本行政区域内的档案工作实行监督、检查和指导。

（二）维护档案的完整与安全

维护档案的完整，一是维护档案在数量上的完整；二是维护档案在质量上的完整。在数量上，要求将所有具备保存价值的档案收集齐全，完整再现一个单位或一个地区等的历史面貌；在质量上，按档案的内在联系系统地整理，组成有机整体，不零散、不凌乱，系统反映完整的历史面貌。为此应注重在量中求质、在质中求量，真正达到完整的要求。

维护档案的安全，一是维护档案实体的安全；二是维护档案信息的安全。因此，在档案管理过程中，一方面，要采用一切手段尽量延长档案寿命，避免物质形态上遭受破坏；另一方面，既要对档案蕴含的机密内容采取保护措施，防止泄密、失密，又要通过有效的技术与手段确保档案信息不被篡改、识读不会困难。

维护档案完整和维护档案安全，是档案工作基本质量要求的两方面，二者相辅相成，有机地联系着。

（三）便于社会各方面的利用

档案管理工作所有的劳动，最终都是为了提供档案以有效满足社会各方面的利用需求。因此，便于社会各方面的利用是档案工作的出发点和归宿点，是档案工作的根本目的和终极质量检验标准，支配着档案工作的全过程。

统一领导、分级管理和维护档案的完整与安全是手段性的，便于社会各方面使用才是目的性的，前者为后者提供组织、制度和物质基础保障，而后者则是前者的目的和方向。只有牢记便于社会各方面的利用，才能妥善地处理内外关系中的各种矛盾，把档案工作做得更有成效。

档案工作基本原则的三个组成部分是辩证统一的关系。统一领导、分级管理是核心，没有它作保证，就不会有完整与安全，便于利用的目的也难以实现；维护完整与安全是手段，否则就不会有方便利用和有效利用；便于社会各方面的利用是目的，离开了它，维护完整与安全也就失去了方向和意义。因此，应该全面地理解和贯彻执行档案工作的基本原则。

三、档案管理机构

我国档案事业组织体系由档案室、档案馆、档案行政管理部门以及其他辅助性机构组成，这些机构在全国范围内构成了一个结构合理、管理科学、颇具规模的档案工作组织体系。其中，直接从事档案的具体管理的机构是档案室和档案馆。

（一）档案室的性质与功能

从微观上讲，档案室是机关、企事业单位及其他社会组织的内部组织机构，是集中管理本单位档案的专业机构，是机关、团体、企事业单位内具有参谋和咨询作用的部门；从宏观上看，档案室是国家档案工作组织体系中最普遍、最大量、最基层的业务机构，肩负着为国家、为社会积累档案财富的使命，整个国家档案的完整程度和连续积累，首先取决于档案室。档案室是档案形成后首先提供利用、发挥档案作用的前哨。档案室中具有长远利用价值的档案最终要过渡到档案馆，因此，档案室工作的好坏直接关系档案馆档案质量的好坏。

档案室按职能任务可以分为两种：一种是纯粹的档案保管机构；另一种是具有档案保管和档案业务指导双重职能的档案室。具体又分为普通档案室、科技档案室、音像档案室、人事档案室、综合档案室、联合档案室六种。

从《中华人民共和国档案法实施办法》第九条规定中可分析得出，档案室的职责包括：第一，贯彻执行有关法律、法规和国家有关方针政策，建立、健全本单位的档案工作规章制度；第二，指导本单位文件、资料的形成、积累和归档工作；第三，统一管理本单位的档案，并按照规定向有关档案馆移交档案；第四，监督、指导所属机构的档案工作。

（二）档案馆的性质与功能

档案馆是集中管理特定范围内形成的具有"永久"或"永久和长期"保存价值的档案的基地，是科学研究和利用档案史料的中心，是国家文化事业单位。

档案馆是档案工作组织体系中的主要业务系统，居于主体地位。第一，档案馆集中保存了大量的具有长远保存价值的档案；第二，档案馆在干部配备和物质条件等方面优于其他档案部门；第三，档案馆工作最能体现一个国家或地区的档案工作成果，反映档案工作水平。

根据《中华人民共和国档案法实施办法》第十条规定，档案馆的工作任务包括：第一，收集和接收本馆保管范围内对国家和社会有保存价值的档案；第二，对所保存的档案严格按照规定整理和保管；第三，采取各种形式开发档案资源，为社会利用档案资源提供服务。

我国的档案馆主要有以下五种：

1.综合档案馆

综合档案馆是指按照行政区划或历史时期设置的，管理规定范围内多种门类档案的，具有文化事业机构性质的档案馆。例如，中国第一历史档案馆、中国第二历史档案馆、四川省档案馆、成都市档案馆等均属此类。

2.专业档案馆

专业档案馆是管理特定范围专业档案的档案馆，既可按其所保存档案的载体形态设置，也可按其所保存的档案涉及的专门领域设置。例如，中国电影资料馆、中国照片档案馆、中国地名档案资料馆、上海市城建档案馆等均属此类。

3.部门档案馆

部门档案馆是专业主管部门设置的管理本部门及其直属机构档案的档案馆。例如，中华人民共和国外交部档案馆等。

4.企业档案馆

企业档案馆是某一企业设置的管理本企业档案的档案馆。

5.事业单位档案馆

事业单位档案馆是事业单位设置的管理本单位档案的档案馆。例如，中国民航飞行学院档案馆等。

四、两个"一体化"

（一）文档一体化

由于社会主义市场经济的深入发展和科学技术的突飞猛进，特别是计算机技术、网络技术等的发展，理论和实践领域根据新的形势提出了文档一体化的管理理念。随着信息化建设的积极推行和日益深化，文档一体化的实践已初显成效。所谓文档一体化，即文件管理与档案管理一体化，是从文件管理工作和档案管理工作的全局出发，在文件生成、处理、归档到档案管理的全过程中，使用文档一体化计算机管理系统，一次输入，多次输出，反复利用。文档一体化要求：一方面，在文件产生到运转的每一个环节上，特别是在由文件向档案转化的关键环节上，都体现并努力符合档案的要求；另一方面，档案管理必须关注文件管理阶段的若干技术细节，注重文件的形成、使用、管理对档案管理的影响，并据此需要通过特定的技术条件和技术手段，在制度与标准的支撑下，从文件管理阶段就提前介入。实现文档生成一体化、管理一体化、利用一体化、规范一体化，做到文件工作与档案工作信息共享、规范衔接。

文件管理与档案管理一体化，是将原来的文书处理和档案管理工作整合为一个既统一又分工、既有联系又有区别的综合性管理过程，这有利于克服文件管理工作与档案管理工作分离而带来的问题和消极影响。在日常机关工作中，人们大多只注重文件的现行目的和现行效用，使得文件在质量上出现了物质形态不统一、制成材料不合乎质量要求、信息记录要素不完整、归档范围内的材料不齐全等一系列问题。归档是文件管理工作和档案管理工作的结合，归档工作质量的好坏从根本上决定着档案工作的质量，如果文件管理部门和档案管理部门不能很好地配合，将直接影响档案的管理。实现文档一体化，不仅可以解决诸如上述的问题，而且还可以作为一种资源整合，既有助于节约资源、提高效益，也有利于减少环节、减少不协调，重组文档管理流程，提升工作质量和效率。

实际上，文档一体化是一种由来已久的、客观的需要，只不过在过去没有显得那么必需，未能真正有效地进行研究和实践；而在现代社会里，随着信息技术高速发展、电子文件和电子档案迅猛增多，便成了非正视不可的问题。当然在今天的条件下，文档一体化不仅比过去显得迫切，而且也比过去任何时期都更有条件被实现。之所以认为文档一体化是一种客观需要，主要是基于以下两方面：

第一，如前所讲，文件与档案之间本身就存在"血缘联系"。文件管理工作人员头脑中要有"档案"二字，不仅要让文件为当前工作服务，还要站在对历史负责的高度，按文档一体化的要求，规范地办理每一份文件；档案部门应当从档案质量和管理的需要出发，加强对文件生成、处理、积累、归档等的全程关注，与文件部门密切合作。

第二，正如文件连续体理论、前端控制理论等所认为，文档一体化是电子文件（含电子档案）时代的要求。电子文件及电子档案产生后，对界限分明、分工明确的传统管理流程产生冲击，文件管理环节之间、文件管理与档案管理之间、档案管理的各方面之间，其界限会呈现模糊化趋势。例如，有的环节提前了，如著录、鉴定、保存等工作，在电子文件生成时就被全部或部分地完成；有的环节的实施时间延长了，加载元数据的著录工作几乎贯穿了电子文件（包括电子档案）的整个生命周期。最重要的是，电子文件管理中的文档一体化流程在总体上呈现集成化趋势，不同的业务环节交叉进行或同时进行，各管理阶段的界限不像在纸质文件管理系统中那么明显。

文档一体化使得档案工作发生了很多新的变化，如档案事业的关注焦点从文件实体转向文件形成过程；从注重分散的个别文件的性质和特征转向关注促使文件产生的业务职能、活动、任务、事务处理和工作流程；从根据文件内在价值或研究价值进行鉴定转向宏观鉴定形成者的主要职能、计划和活动，挑选出反映其主要工作活动的文件加以保存；从对文件的实体整理、编目和保管转向根据信息系统和形成者在相关文件之间的有机联系进行整理。

（二）档案、图书、情报一体化

档案、图书、情报一体化管理，是基于社会实践的需要和科学理论的发展而提出来的，是一个世界性的趋势和实践要求。

档案、图书、情报一体化的必要性。随着世界进入信息社会，一方面，信息成为一种重要的资源，甚至是一种战略性的资源，受到了世界各国政府、各个企业甚至每一个人的特别重视，因而一体化成了必要；另一方面，因信息技术等现代科学技术的飞速发展，档案、图书、情报在内容、形式、数量、形成方式上发生了很大变化，档案、图书、情报的综合管理、资源整合具备了现实可能。

一体化是档案、图书、情报三者间的共性决定的客观要求。虽然三者之间存在着区别，但三者同时也存在着实质性的共同点。一般来说，档案、图书、情报的共性方面是基本的、主要的。第一，档案、图书、情报都具有信息属性，其承载的内容都符合信息的属性和特征，都是重要的信息资源，档案、图书、情报都以纸张、胶片、磁带等物质载体存储有关信息；第二，档案、图书、情报作为人类积累、传播和储存知识的方式与手段，所发挥的作用和需要实现的目的具有一致性，相互间密切联系又互为补充；第三，从档案、图书、情报的管理工作方法，及输入、存储、输出三个基本流程环节来看，三者的技术管理方法和流程大体相同。输入环节主要是收集、验收、登记，存储手段主要是分类、编目、统计、保管、控制、选择、转化，输出方法主要是提供利用、阅览、咨询等。因此，从内容属性、形式特征、管理方法等看，三者一体化具有客观基础，绝非"拉郎配"。

科学技术和信息利用的综合性要求实施档案、图书、情报一体化管理。现代科学技术各部门、各学科之间既分化分工，又日益综合、相互渗透，边缘化、综合化是科学技术发展中的一个突出特点。任何一个科学部门、每一个学科，其理论研究、实践探索，都只有在整个科学体系的相互联系中、在实践方法体系中才能得到发展，不可能脱离其他部门或学科而完全独立进行研究和实践探索。因此，档案、图书、情报不仅要注重自身积极纵深发展，同时也应当加强相互间的横向联系。

档案学要在自身的发展中有所突破，就必须在注意向纵深发展的同时，加强与相关学科之间的横向联系。从档案利用者的需求特点来看，在信息时代，一方面，人们对信息的需求量急剧增大，对信息的完整性和精准性要求愈来愈高，对获取有效信息的速度要求也空前严格；另一方面，如果档案、图书、情报分别由不同系统、不同部门进行管理，档案利用者势必在数量众多、形式多样、内容复杂、管理各异的现实面前遇到许多困难，很难达到全、准、新、快的利用目的。这也客观地要求实现档案、图书、情报等信息管理的一体化。

现代信息管理理念和先进的管理技术手段为档案、图书、情报一体化管理提供了条件。档案、图书、情报管理一体化的信息资源整合实践，档案、图书、情报一体化管理的实现，已经在不少企事业单位取得成效，如四川剑南春公司、张家口地区交通局、唐山钢铁公司等。

就档案、图书、情报一体化管理的具体组织形式而言，可以以原有的档案、图书、情报工作中的某一部门为基础，设立信息中心，成立一个专门机构。在实践中，企业一般以档案部门为主体建立档案信息中心（也称信息中心），作为统一的信息管理实体机构。这种组织形式便于建立计算机管理系统，实行现代化管理，同时也有利于实现对信息资源的联合开发利用。

建立信息中心，有利于冲破分别管理时不可避免的信息分散、分割的制约，在更大范围内发挥档案、图书、情报等信息资源长短互补、共同发展、资源重组、综合集成的优势，充分发挥信息的作用；有利于集中资金、技术，统筹规划、系统设计，积极采用计算机技术、网络技术、光学技术、声像技术等，加速档案、图书、情报管理的现代化进程，既与企业管理现代化同步推进，又可促进企业管理水平和效益的不断提高。

从未来的发展考虑，最终的"一体化"可能不仅仅是两个"一体化"，应当是也必然是文档一体化与档案、图书、情报一体化逐步实现分化基础上的新的整合，走向文件、档案、图书、情报等各类信息资源管理的"大一体化"，实现四者在相互渗透、有机融合基础上的综合管理，使信息资源管理系统的功能进一步放大。当然，在"大一体化"背景下，基于文件本身的一些特殊性，在管理上必然会有一些特殊之处。

五、档案工作标准化与法制化建设

（一）档案工作标准化建设

　　档案工作的标准化是实现档案管理规范化、现代化的基础，特别是在档案信息化进程不断推进的条件下，努力提高档案管理标准化水平显得尤其重要。但是，在档案管理业务实践和档案管理信息化技术系统建设中，通常出现在"标准与我的看法谁为上"的问题上，过分强调本单位特殊性、管理方式不可更改等情况。这种实质上无视标准化、拒绝采用标准的做法是极其有害的。采用标准意味着进步，对档案管理品质的提高和档案管理信息系统建设的长远发展有不可估量的作用。为了推进档案管理业务技术不断现代化，就必须在标准化上下足功夫。

　　我国国家标准对"标准"一词的定义为："标准是对重复性事物和概念所作的统一规定。它以科学、技术和实践经验的综合成果为基础，经有关方面协商一致，以特定形式发布、作为共同遵守的准则和依据。"因此，在我国其基本含义主要包括：标准的工作对象必须是需要协调统一的事物，而且该事物要具有重复性、多样性的属性特征；标准必须以科学技术成果和较普遍的社会实践经验为基础，而不能凭主观和以一时一地的局部经验为基础制定；标准需要通过有关方面协调统一，以期达到先进、合理、客观可行；标准的本质特征是统一；标准需要经过社会公认的机构批准，并以特定形式发布，才能在一定工作领域内发挥作用；制定标准的目的是获得最佳的经济与社会效益，建立最佳的工作秩序，保证有关工作沿着良性的发展轨道运行；标准的制定必须依据《中华人民共和国标准化法》进行；标准是一种准则和依据，具有强制性，不可随意违背。所谓标准化，是在经济、技术、科学及管理等社会实践中，对重复性事物和概念，通过制定、发布和实施标准，达到统一，以获得最佳秩序和社会效益。标准化的原则（形式）有统一、简化、协调、最优化。

　　所谓档案工作标准，是指以档案工作领域中的重复性的事物和概念为对象而制定或修订的各种标准的总称，档案工作标准是档案工作中有关单位和个人应当遵守的共同准则和依据。档案工作标准，按性质分为管理标准和技术标准；按实际法定效力分为强制性标准和推荐性标准；按相关程度分为正式标准和参照标准；按适用范围分为国际标准、区域性标准、国家标准、专业或行业标准、企业标准等。档案工作标准属性可以简单归纳为标准的制定与审核或批准等工作程序，都有专门的规定；标准都有固定的代号，格式整齐划一；档案工作标准是从事文件管理和档案管理的共同依据，在一定条件下具有法律效力，并具有一定的行为约束力；档案工作标准的时效性较强，它是以某个历史阶段的档案工作实践水平为基础的；标准内容具有相对专一性；标准依据其不同的种类和级别在不同的范围内贯彻执行，具有较强的可操作性。档案工作标准具有协调、简化、统一与优选等作用。

从微观的角度上说，所谓档案工作标准化，就是通过制定标准和实施标准，对档案和档案管理实行统一、简化、协调和优选等有序化管理控制，以便获得最佳档案管理效益的活动。其形式包括简化、统一化、系列化、通用化、典型化、格式化。

（二）档案工作法制化建设

依法治国，以德治国，是党和国家确定的基本治国方略，作为党和国家事业重要组成部分的档案事业也必须坚持和切实贯彻。同时，进行档案工作法制化建设，不仅是建设法治国家、法治事业的需要，而且也是积极推进档案管理工作和整个档案事业适应信息化时代要求、顺应电子环境下科学管理和利用档案信息资源的需要（关于这一点已有诸多论述）。

档案工作法律，简称档案法律。从狭义上讲，档案法律是指由国家最高权力机关制定的档案事业规定性文件，包括全国人大和全国人大常委会制定的各种关于档案和档案工作的法律行为规范。在我国主要指《档案法》，还包括诸如《中华人民共和国文物保护法》《中华人民共和国刑法》等其他由国家最高权力机关制定的其他法律中涉及档案和档案工作的法律条文。从广义上讲，档案法律是指国家制定的一切调整档案法律关系的法律规范的总和。不仅包括狭义上的法律，还包括有关的行政法规、地方性法规、部门行政规章等。

档案法律对于档案工作的健康、持续、稳定发展具有非常重要的意义。档案法律是建设和发展档案事业的法律保障；档案法律是进行我国档案法规体系建设的重要依据；档案法律是保护我国的国家机关、社会组织及公民形成的或保存的具有国家和社会意义的档案财富的有力法律手段；档案法律是促进我国馆藏档案信息资源开发和利用的有效工具；档案法律是加强我国档案行政工作的法律依据。

自 1987 年《档案法》颁布实施以来，我国的档案法制化建设取得了重大发展，获得了丰硕成果。以《档案法》为核心的档案法律体系，基本做到了档案事务的"有法可依，有法必依，执法必严，违法必究"。档案法律体系作为一个有机统一的整体，包括了国家最高权力机关制定的档案法律（狭义上）、档案行政法规、档案行政规章、档案地方性法规以及经批准的我国参加的有关公约、签订的有关条约等。

第三节 我国档案信息化的发展

我国的档案信息化是随着国家信息化的推进而发展起来的，其过程大致分为萌芽起步、快速推进和系统发展三个阶段。

一、萌芽起步阶段（20 世纪 70 年代末至 20 世纪 90 年代初期）

档案信息化的起步以计算机技术的发展为基础。20 世纪 70 年代末 80 年代初，随着计算机的引入，我国档案界开始尝试运用计算机管理档案。自 1979 年起，国家档案局档案科学技术研究所和四川、辽宁、江西等省档案科学技术研究所，以及中央档案馆、中国人民解放军档案馆等个别大型档案馆陆续购置计算机设备，进行档案管理自动化课题的研究和实验，编制出一些简单的档案检索程序，初步积累了一些计算机辅助档案管理的经验，在此基础上培养了部分技术人员。

20 世纪 80 年代初，绝大多数档案部门尚不具备配置计算机的条件。资料显示，至 1985 年底，全国总共只有 20 多个档案馆配置了在当时比较先进的计算机设备，但开发并成功运行计算机档案管理系统的仅限于中央档案馆、中国第一历史档案馆、中国第二历史档案馆、中国人民解放军档案馆、中国照片档案馆等少数实力雄厚的国家级档案馆。这些实验性应用系统尝试使用数据库管理档案目录，多数只是建立一个简单的目录数据库，自行开发应用软件，档案系统的功能局限于用计算机来辅助档案编目与检索。

为适应计算机辅助档案检索的需要，档案界自 20 世纪 80 年代中期开始着力于制定档案著录标引的国家标准，陆续出台了一系列档案编目和机读档案目录制作方面的规范，主要有国家标准《档案著录规则》（1985 年制定，1999 年重新修订，DA/T 18—1999）；《中国档案分类法》（国家档案局 1987 年编制）；《中国档案主题词表》（国家档案局 1988年编制，1995 年修订再版）等。这些规范、标准的制定，为建立全国统一的档案目录检索体系奠定了基础，推动了我国档案机读目录数据库建设的发展。

1985 年召开的全国档案工作会议对省级以上档案馆有计划地实施计算机档案检索提出了"积极、稳妥、注重实效"的发展要求。此后，各地的档案目录数据库建设有了一定的起色，但受设备和人员不足的限制，数据量的积累速度较缓慢，每个单位每年的平均建库量不足 5 万条记录，只有少数单位达到年平均 10 万条记录以上，数据库容量有限，录入数据以案卷级为主，查询很不方便，多数档案管理应用系统处于数据量不足的状态。此后，随着机读档案目录数量的增加，一批实用效果较明显的应用系统问世，许多档案馆在档案目录数据库建设方面取得了不小的成绩。计算机档案管理应用效果的逐步体现，极大地鼓舞了档案工作者的热情，使档案界对计算机档案管理的认识产生了质的飞跃。

随着计算机软硬件环境的进一步发展和档案界对档案管理自动化研究的深入，计算机辅助档案管理的范围开始从检索、统计向各个环节扩展，计算机档案管理系统由实验性系统向实用化系统转变。

20 世纪 90 年代初，我国档案管理现代化方面的标准进一步完善，1992 年—1995年间颁布的数据交换国家标准、行业标准多达 11 件。在标准化的基础上，北京超星等个别专业软件公司开始介入档案管理软件的开发、推广工作，功能较全、通用性较强的商业性档案管理软件问世，计算机档案管理开始走向普及阶段。

二、快速推进阶段（20 世纪 90 年代中期至 21 世纪初）

20 世纪 90 年代初，国家实施经济信息化战略，"三金"工程的启动加快了整个社会的信息化进程，计算机应用成为普遍的工作方式。OA（Office Automation，办公自动化）、CAD（Computer Aided Design，计算机辅助设计）、CAM（Computer aided manufacturing，计算机辅助制造）的应用发展，电子文件的类型和数量迅速增加，对档案管理提出了严峻的挑战。如何保证数字档案的原始性、真实性、完整性和可靠性，成为档案界面临的巨大难题。

在此背景下，国家档案局于1996年成立了电子归档研究领导小组，开展对电子文件归档管理方法及标准的研究。1997年以国家科委为首的有关部门对CAD、CAM中形成的各种电子文件的归档及其归档后形成的电子档案的管理进行研究，并列入"九五"攻关计划。在一系列研究和实践的基础上，1999年国家档案局发布了行政规章《电子文件归档与电子档案管理方法》（国家标准报批稿），对公文类电子文件和电子档案的收集、整理、归档、保管、利用等作出了规定，同年发布了国家标准《CAD电子文件光盘存储归档与档案管理要求 第一部分：电子文件归档与档案管理》（GB/T 17678.1—1999），对CAD电子文件的光盘存储和保管进行规范。电子文件的大量问世，使电子文件的归档与管理成为档案信息化过程中关注的核心问题。

在计算机档案管理系统方面，随着技术支持的社会化，软件的通用性越来越强，档案管理软件市场不断丰富，档案管理软件系统一度多达千种。形形色色的档案管理软件质量参差不齐、规格功能不一，在提高计算机管理档案普及率的同时，也带来了数据交换和系统集成方面的困难。为此，国家档案局从1996年开始对国内计算机档案管理软件进行了测评和筛选，1997年公布了首批推荐软件，使通用档案管理软件的质量得到了保证，也为档案部门以较少的投入获得最佳应用效果提供了指导。技术的进步和市场竞争的作用，使档案管理软件系统不断升级，功能更加完善，从基于机读目录的编目、联机检索系统发展到基于外部存储的档案全文信息系统，从一般的档案管理到文档一体化管理，从封闭的单机系统到基于局域网的档案网络管理系统，档案管理软件的标准化、通用性程度不断提高。但总体上，这一阶段的档案管理系统仍以单机系统为主，档案数据库也以目录管理为主。

为进一步提高档案管理软件的标准化程度，确保档案数据的安全和有效利用，国家档案局、中央档案馆于2001年6月发布了《档案管理软件功能要求暂行规定》，对档案管理软件的开发研制和安装使用进行了严格规范。江苏、福建、天津等省市对文档一体化管理系统中的文件目录结构和数据交换格式提出了更为具体的技术规范。这一阶段档案目录数据库发展迅速，数量达到了相当大的规模，省级以上档案馆的数据条目总量开始以百万计，市级综合档案馆的机读档案条目数量也开始接近百万，一些档案馆甚至完成了全部或大部分馆藏档案的案卷和文件级目录建库工作。2002 年，青岛市档案馆档案目录数据库总量已达到 550 万条。随着 2000 年《归档文件整理规则》的实行，机读案卷目录逐步淡出，机读文件目录和专题目录成为档案目录数据库的主要内容。

档案网站建设从无到有，快速发展是该阶段档案信息化建设的一个重要特征。资料显示，我国档案网站随着互联网的普及自 20 世纪 90 年代末逐步问世。1999 年底，国内（主要是大陆地区）在互联网上可以查询到的档案网站仅 12 个，2001 年 7 月发展至 60 余个，至 2002 年底则迅速增加到 267 个。这些网站分属不同省份，涉及国家、省、市和区四个级别的综合档案馆、大学档案馆、专门档案馆和企业档案馆，内容主要是档案法规、局馆介绍、档案目录信息和档案工作信息。

这一阶段，在信息化整体战略的推动下，国家和地方政府对档案信息化建设的投入有较大程度的增加，档案部门配置的信息化设备越来越多，档案信息化建设的相关法规也得到了进一步的完善，除上述关于电子文件归档管理的标准、规范外，档案界还先后颁布了 5 部行业标准。同时，档案从业人员的计算机应用能力迅速提高，档案信息化建设进入了快速发展时期。

三、系统发展阶段（21 世纪初至现在）

进入 21 世纪后，信息网络技术的广泛应用，特别是电子政务的快速发展为档案信息化建设注入了新的活力，国家档案局开始正式部署并全力推进全国档案信息化工作。加快档案信息化建设成为"十五"期间档案事业的基本目标之一，在《全国档案事业发展"十五"计划》的九条工作任务中，第五条专门列举了档案信息化建设的五项内容：吸收、采纳、转化有关电子文件归档和电子档案管理的各类标准并制定相应的办法与标准，实现电子文件即时归档；加强对电子文件积累、著录、归档工作的监督、指导，保证有保存价值的电子文件齐全、完整、有效；探索档案馆电子档案接收、保管、利用的方法；组织力量研究解决电子文件归档管理技术方法、电子档案科学保管技术方法、电子档案远程利用技术方法、电子档案原始凭证作用等课题；加快现有档案的数字化进程，建设完善一批内部局域网，实现馆藏开放档案目录的网上查询和浏览服务等。

2002 年 11 月，国家档案局进一步发布了《全国档案信息化建设实施纲要》（以下简称《纲要》）。这一纲要对"十五"期间档案信息化建设的指导思想、目标任务进行了专门部署，具体明确了档案信息化建设的基本内容和建设要求，对全国档案信息化建设产生了积极、重大的影响，成为我国档案信息化过程中里程碑式的文件。

2005 年 12 月，在北京召开的全国档案局馆长会议审议通过了《全国档案事业发展"十一五"规划》，"国家数字档案建设与服务工程"作为"十一五"重大建设项目正式启动，为各级档案部门的信息化建设确立了目标，提供了政策和资源上的支持。

2011 年 1 月，国家档案局中央档案馆发布了《全国档案事业"十二五"规划》，将"加快数字档案馆及电子文件（档案）备份中心建设，完成国家数字档案馆建设总体规划的编制工作，对电子档案进行安全有效的管理"作为档案信息化建设的主要目标。

2016 年 4 月，《全国档案事业发展"十三五"规划纲要》提出"初步实现以档案信息化为核心的档案管理现代化"。"十三五"时期，档案信息化建设加快发展，建成一批高水平的数字档案馆（室），电子文件归档和电子档案管理工作取得重要成果，电子会计档案单套制管理取得良好效果。

2020 年 6 月，修订的《档案法》设立"档案信息化建设"专章，并规定："各级人民政府应当将档案信息化纳入信息化发展规划，保障电子档案、传统载体档案数字化成果等档案数字资源的安全保存和有效利用。"

2021 年 6 月，中共中央办公厅、国务院办公厅印发了《"十四五"全国档案事业发展规划》，将"深化档案信息化战略转型"纳入指导思想，提出"档案管理数字化、智能化水平得到提升，档案工作基本实现数字转型。"的发展目标，将"加快推进档案信息化建设，引领档案管理现代化"作为"十四五"时期的主要任务之一，具体内容包括以下四方面：

第一，完善档案信息化发展保障机制。主动融入数字经济、数字社会、数字政府建设，推动档案全面纳入国家大数据战略，在国家相关政策和重大举措中强化电子档案管理要求，实现对国家和社会具有长久保存价值的数据归口各级各类档案馆集中管理。地方各级党委和政府将档案信息化纳入本地区信息化发展规划，机关、团体、企业事业单位和其他组织将档案信息化纳入本单位信息化发展规划，保障档案信息化建设依法依规开展。各级档案主管部门全面建立网络安全与信息化工作组织协调机制，切实加强档案信息化工作指导、推进和监督力度。推进档案馆构建系统完备、高效实用、安全可靠的档案信息化基础设施,提升档案信息化能力。加强专用局域网络建设及设施设备配备,满足提升馆藏档案数字资源安全管理及备份工作水平需求。实施档案信息化强基工程,在全国档案信息化基础性关键性领域开展专项建设,推动档案信息化固本强基迈上新台阶。

第二,加强电子文件归档和电子档案移交接收。贯彻落实电子文件归档相关规定,建立健全电子文件归档、电子档案移交相关制度。强化各领域电子文件归档工作,着力推进在业务流程中嵌入电子文件归档要求,在业务系统中同步规划、同步实施电子文件归档功能,保障电子文件归档工作广泛开展,切实推动来源可靠、程序规范、要素合规的电子文件以电子形式单套制归档。大力推进党政机关电子文件单套制归档,深化"互联网+政务服务"等领域电子文件归档工作,完善政务服务数据归档机制,强化全流程一体化政务服务平台数据归档功能建设要求,切实推进政务服务数据归档,逐步开展其他业务系统电子文件单套制归档。推进企业事业单位电子文件单套制归档从会计系统向管理系统、工程技术系统、科研系统等更广泛领域推广。积极推进发票电子化归档工作。研究解决三维电子文件及数据文件归档等难题,促进各类电子文件应归尽归。全面开展电子档案移交接收工作,实现电子档案应收尽收。

第三,加速数字档案馆(室)建设。推进机关、团体、企业事业单位和其他组织建设与业务系统相互衔接的电子档案管理信息系统。加大机关数字档案室建设力度,新增30家高水平的数字档案室。深入开展企业数字档案馆(室)建设,完成50家企业集团数字档案馆(室)建设试点。各级国家档案馆全面建成档案信息管理系统,大力推进数字档案馆建设,建设中央档案馆数字档案馆,新增150家高水平的数字档案馆。加强大数据、人工智能等新一代信息技术在数字档案馆(室)建设中的应用,推动数字档案馆(室)建设优化升级。加强电子档案长期保存技术和管理研究,创建科学的可信存储与验证体系,保证电子档案真实性、完整性、可用性、安全性。

第四,推进档案信息资源共享平台建设。各省(自治区、直辖市)综合档案馆加强本区域档案信息资源共享平台建设,实现本区域各级综合档案馆互联互通,推动共享平台向机关等单位延伸,促进档案信息资源馆际、馆室共建互通,推进档案信息资源跨层级跨部门共享利用。加大跨区域档案信息资源共享平台建设力度,扩大"一网查档、异地出证"惠民服务覆盖面。依托全国档案查询利用服务平台建立更加便捷的档案信息资源共享联动新机制，推动国家、地区档案信息资源共享平台一体化发展，促进档案信息资源共享规模、质量和服务水平同步提升，实现全国档案信息共享利用"一网通办"。

此外，在国家档案局的机构改革中，还专门设立了科技信息化司，主要职责包括：指导档案行业开展档案信息化建设，加强电子文件归档与电子档案管理，推进数字档案馆（室）建设等方面。

第二章 档案信息化建设的目标、内容、任务和原则

第一节 档案信息化建设的目标

　　档案信息化的建设目标是根据国家对档案信息化建设的基本要求，在国家宏观政策指导下建立起来的，它主要包括几方面内容：按照电子政务总体建设的要求，实施电子档案工程；依托局域网、政务网和互联网，推进档案数据库建设和办公自动化建设；推进档案事业持续、快速、健康发展，力争使我国档案信息化建设总体水平接近国外先进档案馆水平。

一、加强档案信息化建设的基础工作

　　国家对信息化建设的基础工作非常重视。国内外有关电子政务的提法很多，如电子政府、虚拟政府、数字政府、政务工作信息化等，其宗旨是指各级政府部门运用现代信息技术和网络技术进行办公，实现政府组织结构和工作流程的重组优化，为社会公众和自身提供一体化的管理和服务。档案馆所收藏的档案信息历来以政府信息为主题，因此，电子政务必然与档案信息化有密切的关系。从促进电子政务完善发展的角度考虑，档案信息化建设作为国家信息化建设的重要组成部分，它的目标、内容、任务和原则应在国家信息化战略目标的要求下，结合档案部门的实际情况和工作需要来制定。

　　档案信息化建设的基础工作包含的内容很多，概括起来主要有以下几方面：

　　1.加强硬件基础设施建设

　　随着电子政务业务的普及和人们认识程度的不断深入，人们对电子政务建设的要求

也愈来愈高，为了适应电子政务建设的需要，各级档案管理部门应加大力度提高计算机的普及率，加强对档案管理人员的技术培训，用现代的计算机管理代替传统的手工管理，添置各种必需的服务器和客户机；各级档案管理部门还应配置保证局域网、公务网和互联网安全运行的网络设备和存储设备，购买满足档案数字化需要的配套设备。

2.加强数据库建设

随着电子政务的不断发展，各级档案管理部门必须根据电子政务建设的要求，建设访问用户的档案检索系统，而档案数据库是档案计算机检索系统的核心部分。各地档案管理部门应本着资源数据共享的原则，不断加强数据库建设，提供更高层次的数据库管理方式，以满足不同层次档案利用者对信息数据的需求。

3.加强网络环境建设

网络环境建设是档案信息化建设基础工作的重要内容，它包括局域网、政务网和互联网建设。要在信息化的建设中实现"三网并进"的战略，就必须做到两方面：一方面，依托局域网建设，带动档案管理各个环节的办公自动化，尤其是档案利用服务窗口建设，档案管理的局域网应纳入本地区的局域网信息管理系统，与本地区的政务网同步；各专业、部门、企事业档案馆的网络建设要纳入本系统、本单位办公自动化和业务管理系统。另一方面，依托政务网的建设实现电子目录、电子文件数据的接收和传送，依托档案网站的建设，实现档案馆之间的互联互通，实现档案和档案工作的宣传，档案信息资源提供利用服务的网络化，实现档案资源的社会共享，提高档案资源的利用效率，最大限度实现档案资源的利用价值。

二、实现档案资源的整体规划和综合利用

档案管理部门应在"加强统筹规划，促进综合利用，避免盲目发展"的思想指导下，制订档案信息化的整体规划，最大限度实现档案资源的综合利用。按照"统一、通用、科学、标准、共享"的原则要求，积极应用先进的计算机管理软件；按照国家电子政务的基本要求，加强档案计算机管理系统和办公自动化管理系统的衔接和融合，广泛应用文档一体化管理系统；进一步健全档案网站，不断丰富网站内容，有计划地开放数据库，提供网上查询和利用服务，并逐步增加交互式的网上办事功能；加快使用率高的专题数据库建设，不断增加档案信息资源的数量，加快查阅率相对较高的专题数据库建设，不

断扩大数据来源和规模，最大限度实现档案资源的综合利用。

三、实现档案信息资源的社会共享

档案信息资源作为社会信息的基础资源，已经成为衡量档案馆综合实力的一个重要标志，也是档案馆融入社会，提供公共服务的基本。如果把档案网络环境比作道路交通设施，把档案馆计算机软硬件当交通工具，档案信息资源就好比亟待流通的货物。因此，档案资源建设是档案信息化建设的核心，它包括各种载体的档案资料，特别是电子档案的收集，档案馆馆藏资料的数字化和档案信息资源共享体系的建设。档案信息资源主要包括以下三方面的内容：

1.电子档案的归档

随着电子政务的不断发展，大量的电子档案和电子目录是今后档案信息的主要增长点，同时也是档案信息资源建设的源头之一。从档案信息化建设的长远考虑，各级档案管理部门必须加强对电子档案的归档、保管、利用的技术手段的管理，制定电子档案的接收标准的管理制度；可根据实际情况，实行纸质档案和电子档案"双轨制"的接收模式，并依托局域网构建电子档案的网上接收平台，开展电子档案目录和电子档案的全文接收，达到省时快捷的建档效果。电子档案目录的建立方便了档案的检索和查找，加速了档案的周转，提高了档案的利用率。

2.电子档案的数字化管理

传统的档案管理体制下档案多以纸质档案为主，为了适应信息化建设的需要，实现档案信息资源的社会共享，就需要对纸质的档案进行数字化转换。档案信息的数字化包括两方面的内容，即档案目录信息的数字化和档案全文信息的数字化。档案目录的数字化包括全宗级目录、案卷级目录和文件级目录，各级档案馆必须在加快档案著录速度、严格规范著录标引的前提下，建设覆盖馆藏档案的全宗级目录和案卷级目录数据库，一些重要的档案将逐步实现文件级目录的机检，有条件的档案馆可实现全部文件级目录机检。档案全文信息的数字化，应围绕利用需求，以建立高质量的数据库为目标，积极推进。通常情况下，一般的馆藏照片、音频、视频档案，应全部数字化；一些重要的全宗档案、利用率高的馆藏资料和专题文件，应逐步进行全文数字化。一些条件比较好的档案馆，可建立多媒体全文数据库，形成档案全文数据中心，这样不但方便了电子文档的检索，还满足了电子文件实现社会共享的需要。

3.电子档案共享平台的建设

网络环境下的档案信息资源建设，不仅包括自身馆藏的信息资源，还包括馆藏以外的档案信息资源。这种可供双向利用信息资源的实现模式就是建设档案目录中心。档案目录建设的实质是网络环境下各种档案信息资源的"虚拟整合"，以实现更大范围内的资源共享。各级档案馆应有计划地建设本系统的档案目录中心和目录分数据库，并通过政务网与主数据库联结，整合各种利用率较高的专题档案目录，建立机读目录的逐年搜集和送交机制。

四、加强电子档案的安全保障体系建设

随着档案信息化建设的不断发展，档案信息化的安全问题显得越来越重要。国家对信息化的安全问题极为重视。档案信息的安全保障体系建设主要包括以下几方面内容：

1.建立保证安全的法规制度

尽管我国已经颁布了一系列的安全管理法规，但还缺少国家级的统领全局的信息安全制度。在有法可依的情况下，档案管理机构本身还必须根据国家相关的法律、法规、规章制度制定符合本单位实际的安全保密制度。通过建立这些法规制度，把对信息安全的威胁降到最低。

2.档案信息的安全管理

在电子文件的形成、处理、归档、保管、使用的过程中，档案信息都有被更改、丢失的可能性，即使拥有完善的信息安全技术，也需要有相应的管理措施来保证其得以实施。为此，制定安全的管理制度对于维护档案信息的安全就显得十分重要。

第一，要建立科学的归档制度。归档时应对电子文件进行全面、认真的检查，在内容方面检查电子文件是否完整，真实可靠；相应的机读目录、应用软件以及其他相关的内容是否一同归档，归档的电子文件是否是最终的稿件，CAD 电子文件是否是反映产品定型技术状态的版本或本阶段产品技术状态的最终版本，电子文件与其他纸质的文件的内容是否一致，软件产品的源程序与文本是否一致等。在技术方面应严把质量关，严格检查电子文件是否有病毒存在，确保信息的准确性。

第二，要建立严格的保管制度。所有归档的电子文件都必须做保护处理，使之处于安全的状态。在对电子文件进行处理或对电子文件进行格式转换时，要特别注意避免转换过程中的信息失真。另外，还必须对电子文件定期进行有效性、安全性的检查，发现信息或载体有损伤时，及时采取维护措施，进行修复或拷贝。

第三，要建立电子文件管理的记录系统。电子文件形成后因载体转换和格式转换而不断改变自身的存在形式，如果没有相关的信息可以证明文件的内容没有发生任何变化，就无法确认其真实性。因此，应该为每一份文件建立必要的记录，记载文件的管理内容情况，确保信息的准确可靠。

3.维护公共设施的安全

随着电子档案信息应用范围的不断扩大，数字档案信息的安全工作也日益重要。目前，威胁数字档案信息物理安全的因素主要有机房、办公室管理不严，人员随意出入；对电脑文件、数据、资料缺乏有序地保存管理；工作人员对技术防范手段、设备认识不足，缺乏了解、操作不当，造成设备损坏，内部网、办公网与互联网混用。

第二节 档案信息化建设的内容

档案信息化建设是一项庞大的系统工程，它的最终目标是实现档案信息资源的共享，为了避免各地信息化建设各自为政，国家有必要制定与信息化建设配套的规划标准以及相应的法律法规，来保证信息化建设的正常进行。

一、档案信息化的规范化建设

标准规范化是实施档案信息化建设的重要内容之一。在档案资源的收集过程中，资源的存在形式是多种多样的，社会对信息资源的需求形式也是多种多样并不断发生变化的。因此，没有标准化的规范体系，数字资源很难保证其内容的长期保存、有效操作、数据交换、永久保管，更难以实现信息资源的社会共享。

目前，我国档案信息化系统建设层次标准不一，各种标准的规范性、标准性、共享性较差，还不能完全适应档案信息化建设共享的社会需求。从信息化建设的科学性要求和解决目前信息化建设中存在的各自为政、相互封闭、重复建设的问题出发，在档案信息化建设中必须总体规划，制定统一的规范化标准，这是做好信息化建设的最基本工作，也是必须做好的首要工作。

档案信息化的最终目的是实现档案资源的社会共享。档案信息化体系建设是以档案信息资源库建设为核心，以信息技术的应用为手段，以网络建设为基础的系统工程。档案信息资源体系建设涉及各种数据、网络建设和应用体系开发等各方面，档案信息标准是档案信息资源共享体系建设的重要保障。

标准统一是实现网络信息互通、信息资源共享的前提条件。标准规范体系包括管理、业务、技术三方面。管理性的标准规范包括计算机安全法规与标准，档案工作人员、档案利用者及设备管理规范，利用管理规定数字档案信息资源合法性的确认等。业务性标准规范包括术语标准以及相关电子文件和电子档案管理的标准、规范。技术性的标准规范，可分为硬件、软件、数据标准三方面。硬件包括计算机、网络服务器、网络通信等电子设备；软件包括系统软件和应用软件；数据标准是确保档案的通用、共享与交换，确保在软、硬件环境变化时档案数据的完整、安全、有效。

二、档案信息化的基本设施建设

1.软硬件的基础设施建设

网络的建设是以计算机为基础的。它是用基本设施和线路，将多个计算机连接起来，再用网络的信息软件进行信息的传递，实现资源的共享。网络的建设是以计算机为基础的。网络硬件的基础设施主要包括：网络的布线、交换机、路由器、配线柜、电源等设备；终端计算机、输入输出和存储编辑等设备。软件系统包括：网络管理软件、服务器数据管理、互联网的节点控制等。

2.网络的数据库建设

用现代化的管理手段代替手工管理方式，对收集来的档案信息资源进行信息化的处理和存储。数据库是档案网络化建设的重要组成部分，是重要的网络资源，要加强网络化建设，就必须加强数据库档案资源的信息化建设。

3.数据库管理人员的培养

数据库管理队伍的建设是档案信息化建设的重要组成部分。当前档案管理的整体素质建设与信息化建设的总体要求还有较大的差距，因此，档案信息化建设必须通过加强人才队伍的建设来提升和改造传统的档案管理和利用方式，在档案信息化建设的过程中，整个人才队伍的建设包括：第一，档案信息化建设的组织领导体系，负责档案信息化建设的决策、规划、推进、指挥，为档案信息化建设提供良好的工作环境；第二，具有领导能力、担负组织领导责任的领导人，这些人具有信息化的意识和时代的紧迫感，能够在自己的领域内，大力推进档案信息化的进程；第三，数据库管理人员，负责档案信息化建设具体内容的实施，他们是档案信息化建设的骨干力量。现有的大部分档案管理人员缺乏信息社会应有的整体素质，所以目前人才建设的重点是对现有人员的培养提高，培养档案管理者的整体素质，把数据库管理人员作为重点培养的对象。

三、档案信息资源的建设

信息资源的开发利用是信息化的核心工作，是信息化工作取得实效的关键。目前，我国信息资源在开发利用中还存在许多问题，例如，信息资源的开发不足、利用效率不高，基础设施和应用系统落后，政务信息公开不快，跨部门信息共享困难等，这些严重制约了我国档案信息化建设的发展。档案的信息化建设要想在信息化的社会中求得生存和发展，就必须把档案管理融入信息化的网络环境中，这样才能提高档案的利用率，提升档案自身的利用价值。

1.档案信息资源建设的主要内容

一是接收的电子文件档案，对电子文件的接收和管理是档案信息资源建设的重要内容。二是馆藏档案，是目前最主要的信息资源来源，也是目前档案信息化建设的重点工作。三是网络信息资源的获取，档案信息化建设是我国信息化建设的组成部分，它的发展不可能离开整个社会信息化的大环境，档案信息化建设要想不断得到发展，就必须扩展工作思路和范围，这样才能给信息化建设提供更大的发展空间。四是其他资源的获取，档案信息资源还包括信息人员、信息技术、信息系统等。

2.档案信息资源建设的构成体系

一是数字化处理前的准备。档案信息从数字化处理角度可以分为符号信息、音频信息、静态视频信息和动态视频信息。每一种信息都有不同的处理方式，要对不同的信息制订不同的处理方案，最大限度地将档案实体上的信息保留下来。因此，档案信息数字化前的准备工作，对数字化档案信息的质量起着十分重要的作用。二是数字化处理子系统。这一部分是整个系统的核心部分，数字化处理子系统利用各种设备系统对不同类型的档案信息分别进行处理，在此之后进入数据库，进行必要的组织和管理。数字化处理子系统包括电子文件的处理系统、对电子文件的接收、实行统一规范的管理以及提供网上查询利用服务。三是数据存储子系统。该系统可以按不同类型存储在各类数据库和文件系统中。四是档案馆藏数字化处理系统。此部分是对非数字化的档案，采取不同的方法进行数字处理，成为统一的数字化档案信息。

四、档案信息资源数据库的建设

档案信息资源数据库是档案信息化建设的核心部分，档案信息的数字化网络化工作都须围绕数据库建设进行，其工作结果都要存储在数据库中。数据的质量对数据库的质量起着实质性的作用，其建设要以国际、国家标准为依据，为此：第一，必须要做到数据的准确性，要保证存储的数据规范、准确。数据准确是对档案数据的最基本的要求，数据的规范要求档案数据库的数据著录项目符合规范要求，针对目录数据库的建设要依照事先确定好的著录标准进行数据库建设。第二，要做到数据的有效性，要采用通用的文件格式标准记录档案数据，特别是对一些图形、图像、声音等全文信息，要采用标准和通用格式进行记录，降低未来有可能进行的数据存储格式转换和数据迁移的成本，杜绝发生馆藏数据无法读出的情况。第三，要做到数据的稳定性，档案建设重要的数据库结构、数据著录标准确立后，不能轻易变更，以维护系统的稳定和数据规范的连续性。

第三节 档案信息化建设的任务

一、档案信息数据库建设

《纲要》明确指出，档案信息化建设的指导思想，是以档案信息资源建设为核心。档案信息资源建设的最重要体现便是档案信息数据库，它既集中了档案信息的精华，又是社会利用档案信息的最主要源泉，理应成为档案信息化建设中的主要任务。

（一）档案信息数据库的性能指标

1.收录数据的准确性

数据库中收录的数据是否准确可靠，关系到档案检索系统的检索效率。数据的任何差错，如字符的不一致、格式的不统一、拼写的错误等，都会对计算机检索产生影响，尤其在数据型数据库中，数据的不准确往往会造成严重的后果，可能降低信息系统在档案利用者心中的可信度，会使档案利用者对信息的准确性产生怀疑。

2.数据记录的完整性

数据记录的完整性是评价数据库质量的首要指标。数据库覆盖面的大小，收录数据的完备程度，关系到它是否能全面满足档案利用者的检索需求，这是取信于档案利用者的基本前提。

3.信息内容的丰富性

信息内容的丰富程度是揭示信息特征的重要指标。如一份档案著录项目的翔实程度，有无摘要、外文，标引深度的大小。数据库的内容越充实就越有助于档案利用者判断档案的价值及其切题程度，从而帮助档案利用者准确、快速地找到所需的信息。

4.数据库的及时性

数据库的及时性主要指一份档案从形成到纳入数据库之间的时差。档案利用者如果先看到原始档案，然后再从数据库中检索到所需的信息，就会认为数据库提供的数据不及时，数据库的及时性对于现实效益较强的科技档案尤其重要，数据库的时差越短，其价值就越大。

5.数据库的成本效益

建立数据库需要花费大量的人力、物力，经济成本因此成为衡量与选择数据库类型的重要指标，应尽可能用最低的成本获得最大的效益。计算数据库成本的指标包括每个字段、每条记录的平均费用，每次检索、每次命中记录的平均费用等。

（二）档案信息数据库的组成和功能

数据库、数据库管理系统和数据库系统是三个不同的概念。数据库就是存储信息的仓库。这些数据被存储到计算机中，使人们能快速方便地对数据库进行查询、修改，并按一定的格式输出，从而达到管理和使用这些数据库的目的。硬件机制存储数据库和运行数据库管理系统的硬件资源，包括物理存储数据库的系统和其他外部设备等。数据库管理系统（Database Management System，DBMS）是负责数据库的存取、维护和管理的软件系统。

人们通常所说的数据库，是指数据库系统。一个数据库系统是一个实际可行的，按照数据库方式存储、维护和向应用程序提供数据或信息支持的系统。它是存储介质、处理对象和管理系统的集合体，通常由数据库、硬件、DBMS 和数据库管理几部分组成。对档案库来说，还应包括档案信息数据。数据库系统各类用户对数据库的各种操作请求，都是由 DBMS 来完成的，它是数据库系统的核心软件。

数据库系统克服了以前数据管理方式的缺点，试图提供一种完美的更高层次的数据管理方式。数据库系统的指导思想是对所用的数据实行统一、集中、独立的管理，是数据存储独立与数据存储的程序，实现数据共享。数据库系统管理方式具有数据共享、数据结构化、数据独立性、统一数据控制功能等特点。

（三）档案信息数据库的构成

档案信息数据库中的各类档案数据，不仅包含馆藏档案的各类信息，如纸质文献、照片、音频和视频资料，还包括政府的公开信息，从而使档案管理资源库通过计算机通信网络联结成为大规模的知识库群。离开了这些数字化信息的资源库，档案馆信息化建设就成了无源之水，无本之木。档案数据库存在的档案信息种类繁多，既有案卷级目录信息和文件级目录信息，又有全文信息数据，还有专题目录数据和视频目录数据等。不同类型的档案数据库的应用，往往和不同类型的应用软件相配套使用。目前，档案信息

数据库的建设主要包括以下几方面:

1.档案全文信息数据库建设

档案全文信息数据库是最实用也是最受社会不同层次档案利用者欢迎的数据,因为这些全文信息通过网络环境,有可能被各方面的档案利用者不受空间的限制地利用。建立全文信息数据库关键是档案文献数字化的前期处理工作。

2.档案案卷级目录建设

案卷级目录是档案资源建设最基础的数据。在档案信息化的建设中,档案案卷级目录应涵盖档案馆全部馆藏,必须达到馆藏要求,其内容包括馆藏各个时期和各种载体档案的目录。

3.档案文件级目录建设

档案文件级目录一般包括重要文件级目录和案卷文件级目录。档案文件级目录建设至少具有两项优点:一是有利于档案利用者对有关档案文献做更深度的检索和查阅,使查找更具有专指性;二是有利于与档案全文信息数字化开展相匹配。由于文件级目录建设耗时耗力,一般以馆藏重点全宗档案为对象。

4.照片档案目录建设

照片档案目录是最受重视的专题档案目录之一。照片档案目录有三个特点:一是著录项目多,与普通纸质文件相比,照片档案的著录项目更为齐全,因而其揭示的信息特征更多。二是照片目录与数字化或图片文件数据相关联使用,照片档案目录建设的关键是每条目录数据著录项目的完备性。三是分类标准独特,与普通纸质档案比,照片档案的分类更切合档案馆藏的实际,使用者更易接受。

5.专题档案目录建设

专题档案目录是目前最热门的电子档案检索工具之一,是以真正提供利用为目的、方便档案利用者的检索工具。专题档案目录积聚了馆藏中有关档案专题的所有案卷级目录和文件级目录,这些目录包括全宗的目录集合体。专题的内涵包括档案内容、档案文本或档案载体等。专题档案目录建设的关键是对有关专题的选择和确定,需兼顾馆藏特色和社会利用需求。

二、数字档案的收集

数字档案馆主要收集各个立档单位的电子文件以及各立档单位经过数字化处理后的传统档案，是档案馆数字档案信息的重要来源。

1.电子文件的收集

电子文件和纸质文件的生成背景和发挥作用的不同，造成其收集方法和要求也不相同。如"无纸化"的电子文件，不仅要收集积累，更要有严格的安全措施。因此，可进行归档，以免电子文件系统发生意外使文件信息丢失；起辅助作用或正式作用的电子文件，应及时收集与整理，并在其相应的纸质文件之间建立标识关系；草稿文件一般不予保留，如果出于对所保留电子文件重要性的考虑，则应对其进行收集和积累。

在进行电子文件的收集时，应具体问题具体分析，不能用同一种收集方式。不同信息的电子文件，由于其技术特性不同，存储载体和记录信息的标准、压缩算法也不同，所以应分别采取措施保证其原始性、真实性、完整性。另外，与纸质文件不同，电子文件的读取、还原，离不开其生成的软硬件环境和元数据等，所以电子文件的收集、积累还必须包括这些内容。

电子文件的类型多种多样。按形成电子文件的性质分，有文本文件、图形文件、图像文件等；按电子文件的功能分，有各种公文、文本文件、设计文件、研究试验文件等。对电子文件的收集、积累，应包括归档范围内所用的电子文件；对未列入收集归档范围的电子文件，有的也要收集，尤其需要对一些项目作补充归档或扩大归档。因此，归档人员需要了解一些未列入接收电子文件的形成、承办情况，有的要及时主动收集。特别是对个人电子计算机产生的电子文件的收集工作，实践性很强，错过时机，电子文件就有失散、损毁的可能。

2.电子文件归档的具体形式和要求

电子文件归档的形式概括起来主要有三种形式，即物理归档、文本转换归档和逻辑归档。

物理归档是将带有规定标志的电子文件集中，复制到耐久性能好的磁介质、光介质上，一式三套。一套封存保管，一套供查阅使用，一套异地保存。这种归档方式缓解了紧张的存储空间，并且延长了数字化电子文件的寿命。通常采取压缩归档和备份系统归档手段。压缩归档即采取数据压缩工具，对电子计算机网络上应归档的文件，经过一段时间积累后进行压缩操作，录入在磁介质、光介质上。这种方法往往对将来的电子档案管理有利。备份系统归档，在电子计算机网络环境下，将归档的电子文件在网上进行一次备份操作，就可将归档的电子文件记录在磁介质、光介质上。为保证电子文件的真实性，在归档电子文件时也将记录日志和数据库都备份到磁介质、光介质上。

文本转换归档是将电子文件转换成纸质文件归档，并使纸质管理系统与电子管理系统建立互联关系。这种归档方式是为适应现有的科技水平，保证电子文件的原始性和凭证价值而采取的措施，有其局限性。

逻辑归档是指电子文件的管理权从网络上转移到档案部门，在归档工作中，电子文件的存储格式和位置暂时保持不变。这种归档方式解决了许多机关"收集归档难"的问题，并使档案部门对其应予以接收的电子文件有了控制权。

对电子文件的基本要求是文件的真实性和完整性。按照电子文件归档不同阶段的标准，准确说明配套软硬件环境。归档电子文件格式应为工业标准，能在标准的界面下操作，支持不同的平台，与现有的设备兼容，能以标准的数据库语言与数据库相连；或者确定统一的标准，在内部的电子计算机网络上使用，以实现良好的转换状态。电子文件是由内容、存储载体、现实的软硬件设备组合，所以电子文件归档时必须考虑电子文件的组合问题。

目前，电子文件归档分三步实行：第一，由电子部门和文书处理部门合作，在电子文件的形成或收到的同时，对列入归档范围的文件进行逻辑归档；第二，在有逻辑归档标识的电子文件办理完毕后，有专人对电子文件进行真实性和完整性的检验，检验无误的纸质文件，与该电子文件的物理载体建立互联并一同归档；第三，对有逻辑归档标识的电子文件定期进行物理归档。

3.电子文件归档管理的标准化建设

电子文件是电子政务和电子商务发展的必然产物，必须有标准化的现代化管理。因此，有必要对电子文件著录标准化、存储格式化和元数据标准化等电子文件标准化管理中的基本问题进行深入研究，尽快使电子文件的管理全过程做到有章可循，保证电子文件从生成到归档管理上的连续性和规范性，为最终确定电子文件的法律效力创造必要的条件。

制定科学的电子文件归档标准是当前我国档案管理标准化工作的重点，也是加强电子文件管理的一项有力的措施和必要的途径。制定标准应充分重视几项任务：第一，明确当前急需攻关解决的标准。例如，电子文档的归档标准、电子文件著录格式标准、电子文件的储存格式标准等。第二，提倡使用统一的软件。通过统一的软件，将电子文件归档管理逐步纳入规范化的轨道上。由档案行政管理部门与专业软件公司共同技术攻关，合作开发通用软件，并逐步在各级档案部门中推广使用，将是一条切实可行的途径。第三，与计算机行业联手合作。要区分好档案部门内部制定的标准、档案部门和计算机行业联手制定的技术标准，尤其是要将后者列入规划，最终构成完整的电子文件归档管理标准体系。

4.电子档案的接收和迁移

按档案存储法的有关规定，电子档案到了一定的年限就应向综合档案馆移交，其中包括目录和全文信息。综合档案馆的收集一般采用介质接收和网络接收两种形式。介质接收即用存储体传递的电子文件，如磁盘、光盘，进行卸载式离线报盘接收，一般按规定进行登记、签署，对于更改处，要填写更改单，按更改审批手续进行，并存有备份件防止出现差错。网络接收即在电子计算机网络系统上进行在线接收，系统应设计自动记录功能，记录电子文件的产生、修改、删除、责任人以及数据库的时间等，并在进入数据库之前，对记有档案标识的内容进行鉴定、归档和接收入库。

数字档案的接收过程，是将数据从一个网络的数据库中导出到磁介质、光介质上，再将这些介质接到另一个网络，将数据导入其数据库，进而完成从一种技术环境到另一种技术环境的转换，使数字信息发生了迁移。在数字信息迁移过程中，要注意三个问题：一是确保档案信息内容的真实和维护使用功能。对那些在不同操作系统之间迁移的数字信息而言，即使不可能保持原格式外观，也必须保证内容和使用功能的不变。二是降低迁移成本和风险。数字信息迁移需要考虑迁移成本和可能存在的风险，因此要考虑合适的迁移间隔时间。三是确保信息内容的原始性和完整性。

三、馆藏档案数字化

馆藏档案信息的数字化是档案信息建设的一个重要组成部分，其主要目的是利用计算机、扫描设备、图像处理技术等现代信息技术将传统介质存储的各类档案，根据需要进行数字化处理，以积累数字档案资源。档案馆经过几十年的建设，不仅将各种档案信息组织化和有序化，而且形成了丰富而独特的档案文献信息资源。在档案馆收藏的大量经过整理、分类的档案文献资源，除极少数在其形成的过程中和前期运行阶段就采用了数字化记录形式以外，绝大部分是纸质档案。针对这一现状，现阶段和今后一段时间内，对纸质档案信息进行数字化转换，便成为档案馆藏数字化的中心任务。

（一）馆藏档案数字化的工作内容

馆藏档案数字化主要包括两项任务：一是将传统载体的档案目录进行数字化，二是将档案内容进行数字化。

档案目录数字化的主要工作是对载体档案进行编目，并将目录信息录入计算机中，建立档案目录数据库，利用管理信息系统实现档案目录数据的数字化管理和目录信息的资源共享。

档案内容数字化的主要工作是馆藏的纸质、照片、音频、视频等档案，通过扫描、加工、处理转变为文本、图像、图形、流媒体等数字格式信息，存储在网络服务器中，利用计算机及信息系统提供查询、检索和浏览。

档案内容数字化工作包括数字化预加工和深加工两个步骤，数字化预加工能够将纸质档案、照片档案、缩微胶片等转变为电子图像文件，不能将纸质档案上的文字信息进行完全处理；数字化的深加工则是利用技术含量较高的语言识别处理技术获取载体档案中的文字信息，方便提供全文检索。

（二）馆藏档案数字化的业务流程

1.数字化的预处理

预处理是数字化加工的第一步，其主要的工作是将馆藏的实物档案，如纸质、照片、缩微胶片、音频、视频等档案按照数字化加工的轻重缓急原则进行筛选，然后再按照下一步数字化处理工作的具体要求做拆分、分类、整理、模数转换等处理工作。此环节中的安全风险主要来源于公共环境等人为因素，主要安全任务是防火、防抢、防盗、防泄漏以及防止因错误操作而导致档案受损的事故的发生。因此，该阶段采取的安全防范措施包括：按照加工工序制定严格的安全管理制度；明确各工作的岗位职责，并严格监督执行；启动档案馆的安全监控系统，实行实时监控，一旦出现问题应立即采取措施。

2.数字化加工与转换

将传统的档案转换为数字形式标识的档案信息资源，其主要工作包括：纸质档案的扫描，缩微胶片的数字化，音频、视频、数码照片的数字化转换等。本阶段安全问题主要是加强对损坏程度比较严重，同时纸质又很薄、很难直接进行扫描或者无法通过扫描进行数字化的历史档案的处理。本阶段的安全重点是数字化过程中原件的保护，必须在大量实践经验的基础上，选择科学的、合理的数字化加工与转换的技术及指标开展工作。

3.信息的处理

信息处理的主要工作是将数字化后的图像文件、多媒体信息等与档案的著录信息进行关联，它是整个数字化工作的重要内容。首先是档案资源的编目、标引等基础数据的录入和处理等工作，其次是将图像与多媒体文件对照原始档案而进行的核对、压缩等处理工作。无论是纸质档案还是音频、视频档案，通过模拟到数字化的转换后，都可能造成一定程度的数据丢失或信息失真。因此，本阶段的安全重点是保证档案数字化后能够被存储、保存和提供利用，并考虑如何将失真度降到最低。

4.信息的存储

经过处理的数据需要存储到网络环境中并提供利用，而不仅仅是存储在光盘上保存在库房做档案备份。因此，应根据数字化的存储容量及网络化提供利用的要求，选择网络存储设备、考虑数据库与电子文件存储和被访问的方式。这一阶段安全的重点是考虑电子文件的存储和保管的安全模式，严格按照档案管理的标准进行规范化操作。

5.信息的利用

信息的利用是采用计算机应用软件系统，按照档案法及本单位的管理规范，将数字信息发布到网上，并提供不同网络范围内的不同数据内容的档案利用。本阶段安全防范的重点是系统用户权限的严格管理、对访问系统中用户身份的严格认证以及内网、外网计算机之间的访问控制等安全问题，同时还要严格管理网络上各服务器、客户端等计算机系统，并防止应用程序受病毒的感染、网站受黑客的攻击等非安全事件的发生。

（三）馆藏档案数字化方案的确定

选择什么样的方式是进行馆藏数字化的关键。由于档案馆保存的档案数量众多，不同档案的价值信息，开放利用的时间不相同、对不同档案的保密程度也各不相同。因此，在档案信息化之前，档案馆必须确定哪些资源应优先数字化、哪种信息可以数字化、哪种档案信息资源目前不需要或者暂缓数字化。最后，应当紧密结合馆藏的具体情况和社会利用发展趋势判断选择何种方案。目前主要有以下几种形式：

1.全部馆藏数字化

采用此方式是将传统的档案馆全部馆藏信息数字化，建立数字档案馆，完全继承传统档案馆的全部信息资源。这是理论上最彻底的数字化方案，对档案利用者来说是最理想的。这种方案比较适合那些馆藏档案数量较少，开放档案占据绝大多数馆藏档案的档案馆。对于那些馆藏数量众多，利用率较低，且档案数量大、需要控制利用的档案数量较多的档案馆，从降低成本和效益的角度来考虑，不一定是最佳策略。

2.高利用率馆藏数字化

这种方案在一定程度上可以起到降低成本、提高效益的作用，但具体实施有一定的困难。一般来说，不同档案利用者所需要的档案信息，在范围和重点方面有不同的特点，且对不同类型的档案信息的使用频率也不同。另外，一部分高利用率的档案具有时效性。因此，档案馆向利用部门提供一份较长时间的利用反馈报告，可能会有助于对馆藏高利用率档案的合理选择。

3.珍贵馆藏数字化

从理论上说，珍贵馆藏数字化是最合适的方案，其难点是对珍贵档案必须具有可操作性的诠释，这种可操作性应是建立在对馆藏档案资源熟悉且做出价值判断的基础上。一般来说，那些高龄档案，涉及某一地区重要机构、重大事件和重要任务的档案，在同类档案文献中较为稀少的档案等，都可以列入珍贵馆藏之列。一般来说，这部分档案的利用率是很高的。

4.即时利用数字化

对部分档案只是在利用时才进行数字化，这是最具功利色彩的"用户至上"方案。所有用户不需要的馆藏均被排除在外，这是该方案最突出的优点，但也是最致命的弱点。档案利用者的即时需求有很大的偶然性，过分考虑这一需求，无疑会提高档案馆数字化的经济成本。

总之，选择什么样的信息化策略应根据实际需要来定，不考虑实际需要单纯地选择某一种方案会过于片面，兼顾馆藏具有永久价值的档案和档案利用者当前的信息需求，将几种数字化的方案有机地结合起来，才是馆藏档案数字化的最佳方案。

第四节 档案信息化建设的原则

　　档案信息化建设是档案部门为了适应社会信息化建设的需要,根据社会对档案信息资源的利用需求,通过现代计算机技术和网络技术,将反映馆藏档案内容和形态特征的目录信息以及部分馆藏档案主题的信息进行数字化处理,以数字化的方式,方便快捷地为社会各界提供利用的过程。这一过程涉及大量的信息资源的著录、部分档案信息资源的整合等基础性的工作,也涉及按照各种不同的信息检索利用等要求进行一系列方便系统利用的系统功能的开发工作,在人力、物力上必然会进行较大的投入,是一项十分庞大的系统工程。为此档案馆信息化建设的具体措施必须在科学、缜密的思想指导下进行,才能少走弯路,以较少的投入取得最大的效益。在实际运行的过程中,这些缜密、科学的指导思想是根据社会信息化发展的一般规律,并结合档案信息化自身的特点总结和提炼出来的,在具体实施档案信息化建设的过程中,这些科学、缜密的指导思想便转化为必须遵守的原则。因为档案信息化建设本身是社会信息化的一个方面或一个组成部分,所以社会信息化实施所应遵循的原则同样适用于档案信息化建设,如信息共享原则、以人为本原则、信息化建设可持续发展原则等。下面所阐述的几项原则主要是针对档案信息化建设,在考虑信息化建设固有规律的同时,要注重档案馆自身信息化建设的特点。这些原则有的已被其他行业信息化实践证明是行之有效的,有的则被一些档案部门已有的实践所检验。因此,贯彻这些原则对于确保档案信息化建设的顺利进行和收到实效具有十分重要的意义。当然随着档案信息化建设的不断深入,这些原则所包含的思想和理念也将不断地丰富和发展。

一、协调发展的原则

　　档案信息化作为一项规模庞大的系统工程,从工程的组织实施来看,其固有的规律是各个子系统之间必须协调发展,这是档案信息化建设必须遵守的一项基本原则。

　　1.同档案馆的基础工作协调发展

　　档案信息化建设需要进行大量的基础工作。其主要的工作是各种档案信息的加工和集成，离开了这些基础工作，档案信息化建设就成了一句空话。因此，档案信息化建设必须贯彻同基础工作协调发展的原则。在基础工作中，档案信息的著录和输入是最基本的内容。档案信息的著录根据利用的要求可以有多种形式，通常用的是档案案卷级著录和档案文件级著录。档案案卷级著录体现着国家的有关政策，对一个案卷的内容进行著录，产生几项重要的知识性信息，从而揭示这一案卷在内容、载体方面的重要特征。文件级著录级别较高，针对性较强，在著录的过程中投入的人力、物力也相对较大。对于一般的档案馆，并不要求一定要实行档案馆藏的文件级著录，可以根据实际情况进行分步实施，选择一些比较重要的档案进行文件级著录；对于档案馆藏较少的档案馆，在人力、物力条件允许的情况下，则可以考虑实行所有文件级著录。信息的输入包括已经著录的文件级条目和文件级条目的输入，也包括档案信息的全文扫描输入和相应关系的建立。这些工作从技术层面上并不复杂，但由于工作的程序复杂，工作量较大，因此在信息化实施的过程中绝对不能忽视，必须与基础工作同时考虑，严防由于基础工作没有及时完成而影响了整个信息化建设的进程。

2.同信息技术的开发利用协调发展

信息技术的综合利用是档案信息化建设的难点。信息技术的综合利用，包括各种信息软件的开发、硬件配置的集成、网络环境的构建。大量的实践证明，信息化能否取得实效，其预期的效果能否达到，系统软件的开发和利用十分重要，信息化建设的先进性就在于此。同信息技术的开发协调发展，是指要充分重视与信息化建设密切相关的系统软件开发和应用的重要性；在考虑做好丰富馆藏和加强著录信息化前期工作的同时，必须把实现效能的系统开发软件放在重要的位置，加大投入的力度，进行广泛的调研论证。在进行系统软件开发的过程中，应积极采纳先进的技术成果并加以利用。然而信息技术不断发展变化，任何最新技术都是相对的，在新技术的应用方面，必须面对现实、实事求是，必须认识到系统软件开发完成后，其功能的不断完善还需要一个渐进的发展过程。系统的开发者多数是对档案业务不熟悉的计算机技术人员，这些人对系统软件的需求、结构和功能的认识有一个逐步深化的过程，而信息技术的实现是各种设想和技术整合后的具体体现。因此，许多技术软件在开发时存在问题，需要在以后的实践中不断地补充、完善和发展。在信息化的建设过程中，切实贯彻同信息技术的开发利用协调发展的原则是十分必要的。

3.同馆藏信息协调发展

档案信息化的根本目的是实现资源的社会共享,决定档案信息的功能和作用的发挥是看资源本身给社会提供了多少有价值的信息,所有这些都取决于档案馆藏的数量和档案资源的丰富程度。如果一个档案馆的馆藏达到一定的程度,结构也比较合理,信息的种类也比较齐全,那么信息化就有了比较好的资源基础,在实施信息化的过程中就不会在档案的门类等方面产生较大的缺失;反之,如果一个档案馆馆藏的数量有限,资源的种类单一,再加上结构不合理,那么信息化的发挥将会受到很大的阻碍。在信息化之前,档案馆自身馆藏的实际情况是一个必须考虑的基本因素。由于历史的原因无法改变档案馆已有的馆藏,但可以通过征集等措施尽可能地扩充现有的馆藏的品种和数量,达到档案信息的多门类、多品种要求,为档案信息化建设提供较为丰富的资源基础,避免因为馆藏不足影响信息化建设的进程。

4.同实际应用协调发展

档案信息化的目的在于利用,不是为了信息化而信息化,因此在信息化的过程中必须贯彻同档案利用工作协调发展的原则。也就是说,必须以社会对档案利用的需求为导向,来规划和调整信息化的实施步骤。一方面,要以利用率高的信息作为信息化的重点内容,使信息化有牢固的使用基础,充分显示其对社会的适用性;另一方面,要根据社会利用需求的发展趋势,进一步扩大档案的利用范围,充分发挥档案信息的内在潜质,对信息化建设做全面的统筹和规划。另外,档案信息化建设是长远发展的战略性建设,其信息化的过程也是动态的发展过程,必须对信息化做出长远的发展规划。由于信息化是长远的动态的发展过程,在信息化实施的过程中,必须根据社会对档案利用的需求变化,对档案门类和品种进行及时调整,避免"关起门来搞建设"的封闭做法。因此,信息化建设要贯彻协调发展的原则,就必须重视信息化建设同实际应用协调发展的原则。

二、分步实施的原则

档案信息化建设是一项庞大的系统工程,它的建设不可能在短时期内完成。这是因为,各地档案馆的实际情况不同,有的档案馆的信息储存量大,信息化需要投入的人力、物力较多;同时,计算机技术的发展变化较快,实现信息化在硬件上的投入较大,不可能一步到位。因此,信息化建设必须实行分步实施的原则。分步实施的原则包括信息资源的分步实施和系统功能的分步实施两部分的内容。

1.信息资源的分步实施

档案目录信息资源的建设是信息资源建设的重要内容之一，它建设的主题内容包括本身的馆藏目录和本地区所用的档案目录建设两部分。这两部分资源覆盖的范围不同，基础条件也不同。对建设本馆所藏的档案目录来说，需要从馆藏结构特点出发进行规划和设计，提出整体规划和设计要求，然后组织实施；对于覆盖地区范围的目录中心，由于地区方位内各档案机构的基础状况不同，目录的数据结构不同，需要首先对能够在同一平台上运行的目录进行整合和转换，在整合转换的过程中需要解决的许多技术问题，必须以科学的态度，逐一加以解决。因此，在构建目录中心时，必须根据具体情况制定具体措施，分步组织实施。那些基础性、专题性和全文信息的实施步骤有把基础性的信息作为信息化的第一步内容；把专题性的信息作为信息化的第二步；把全文性的信息作为信息化的最后内容来处理。这也是根据信息实际操作方便的难易程度，以及人力、物力的投入多少等因素综合考虑后实施的分步策略。

2.系统功能开发的分步实施

档案信息化的利用程度在主要取决于系统功能软件是否能实现，这关系到计算机技术的应用为主题的系统功能的开发。考虑到系统开发的费用巨大，计算机技术的迅猛发展，系统功能的开发可采用分步实施的原则，急用、利用率高的先开发，拓展性功能可以延续开发。系统功能的分步开发在经济上可以避免一次投入过大的开发经费，减轻经济上的压力；在安全性上可以防止重大失误而导致整个信息化实施遭遇重大挫折。从系统功能的最佳实现来说，采用不同的计算机技术，有利于技术的及时更新，保证系统功能与最新技术的接轨。

三、安全的原则

档案的安全管理是信息化建设的首要前提条件。档案安全本身的重要性是由档案本身和档案管理的性质所决定的，档案信息化的建设必须充分考虑到安全问题，正确处理好方便、高效与安全管理的关系。一般来说，数字化的档案存储应该使用带自动备份功能的服务器，配置备份信息设备，如光盘库、专用网络存储设备，并对备份信息实施迁移。同时，使用安全介质定期刻录备份信息实行异地保管。

数字档案的安全保障必须建立严格的管理制度和操作规范，必须实行有效的网络安全措施，必须采用严格的授权管理系统。安全保障的原则主要包括：第一，密级区分原则。对密级档案实行物理隔离并落实责任到人。第二，内外区分原则。将开发档案信息与内部业务运行过程的信息实行隔离。第三，用户区分原则。将档案管理人员和档案形成人员，内部用户和公共用户加以区分。第四，系统区分原则。将档案信息管理系统及其网络化归档、信息共享、辅助决策等子系统加以区分。

四、应用性原则

档案馆在实施信息化过程中进行馆藏档案的信息资源收集和整合；在建设档案信息资源共享体系时，其主要任务是应用现代计算机技术，将能揭示和反映档案主要内容和原形特征的目录信息、相关原始档案信息进行海量存储，并通过多种检索途径，顺利地实现直接查阅利用。要取得这些海量档案信息利用的理想效果，涉及很多的工作环节，需经历多个阶段，一般将档案信息资源的整合和开发作为信息化的前处理工作，其最终的目的是实现档案信息工作的有效利用。为此，档案馆在实施信息化建设的过程中，首先应该贯彻的原则是实用性原则。实用性原则的指导思想，是所有在信息化过程中被整合处理的档案信息，必须能够适应各种利用需要。也就是说，档案信息化必须以社会各方面在相当长一段时间的利用需要为原则。

1.获取知识的第二课堂

档案馆除具有查考和存史的功能外，还具有传播知识的功能。档案馆蕴藏着丰富的馆藏文化以及本地区经济社会发展的档案资料，这些丰富的档案资料对社会公众以及青少年了解本地区的文化发展来说都是不可多得的珍贵史料。我们可以把档案馆当作是学生获取知识的第二课堂，这样既能使档案馆的信息功能得到延伸，也能避免信息资源的浪费。因此，在信息化的构成中应注意把知识性的信息放在首位，这对于档案部门是一个新的挑战。以往的档案馆主要是供查找资料之用，在查找接待方面积累了丰富的经验，而档案馆作为获取知识的场所则是一个全新的管理课题。对此，档案管理者必须树立全新的管理理念，从适用于知识获取方面考虑，将档案信息中具有知识性的信息有限信息化，例如，反映本地区社会经济发展的信息资料、反映本地著名人物的历史传记以及具有历史渊源的档案史料等，都可以作为开辟第二课堂的生动教材，这些史料对当地居民和青少年了解当地的历史具有十分重要的学习价值。总之，在档案信息化的过程中，凡是有关当地物质文明建设和人文发展历史方面的档案信息，都可以作为知识性的信息加以知识化，以满足社会大众特别是青少年知识获取利用的需要，同时也为当地的精神文明建设做出积极贡献。

2.为领导的决策起助手和参考作用

科学决策来自科学管理，科学决策是科学管理的重要手段，也是各级领导组织管理实施各项大型工程或推进建设事业全面发展的先决条件，同时也是提高领导能力的重要措施。科学决策需要有充分的科学信息，经过周密的论证做出科学判断，最后形成科学决策。因此，充分地获取各种信息对于领导做出科学决策十分重要。档案信息记录了以往历史活动的进程和结果，是前人智慧的结晶，同时也积累了丰富的经验教训，所有这些宝贵的信息资料对于领导做出科学的判断具有重要的参考价值，这些信息可以开阔领导者的眼界，借鉴前人的经验和教训，以便在前人成果的基础上进行新的突破。总之，丰富的档案信息对于各级领导进行科学决策具有十分重要的参考和借鉴意义。因此，档案管理部门在信息化的过程中必须把适应于领导决策的参考信息放在首位，将那些能够为领导决策提供借鉴作用的档案信息资源进行整合，在考虑和设计信息检索的途径时，把方便寻找和有助于领导决策的信息放在重要的位置，为这些信息的检索提供方便快捷的查找方式。

3.为科学研究提供重要的参考

科学研究是人类社会不断发展的原动力。科学研究需要大量的信息资源，特别是社会科学的研究，其研究的主要内容多为社会的政治、经济、文化和社会发展方面的内容，这些更离不开档案馆的信息资源。因此，把适应于科学研究作为档案信息化必须遵守的规则，是档案馆信息化建设所要重点考虑的内容。档案信息化要适用于科学研究，就必须将那些具有研究价值或者能够提供可持续研究对象的原始材料的档案信息进行信息化。这类信息从大的方面来说，内容十分丰富，不仅包括经济发展的基础数据，也包括政治、文化以及生活各个方面的详细资料。科学研究所涉及的信息面非常广泛，所使用的信息更是包罗万象，但由于各个时期社会的研究会有不同的侧重点，因此应根据社会研究的需求采取分步实施的原则，对于档案科学研究急需的资源应首先进行信息化，及时准确地为科学研究提供参考资源。

4.成为爱国主义的教育基地

随着社会的不断进步，档案馆的职能不仅仅局限在提供需要查找的历史资料，还肩负着开展爱国主义教育的重要任务。档案馆应充分挖掘自身的教育潜能，对社会特别是对青少年开展爱国主义教育、革命传统教育，把档案馆办成爱国主义的教育基地。国家档案局适应这一形势，提出了把档案馆建成"一个中心、两个基地"的要求。这两个基地其中一个就是爱国主义的教育基地。因此，档案信息化必须服从于爱国主义教育基地的建设要求，坚定不移地贯彻开展社会教育的原则。从这一原则出发，在实施信息化的过程中，对具有教育功能和作用的有关信息档案进行整合、处理以及建立专用的检索渠道就显得十分必要。这就需要从档案信息中挖掘具有教育意义的信息，如反映本地区反封建的历史进程的史料，人民群众的各种创造性的成果以及反映在各个历史时期所发生的重要而深刻的变化和取得的巨大成绩的信息等。考虑到爱国主义教育基地的建设和影响，除了文献信息外，也可将这些史料制成专题片或光盘配送到各个学校，使这些珍贵的史料更贴近生活，使青少年在潜移默化中受到爱国教育，增强青少年的民族自豪感和自信心。

5.业余休闲的需要

随着社会经济的不断发展，人们的文化需求也在不断发展并呈现多元化，休闲活动正成为一种时尚开始流行。在一些发达国家，民众文化休闲已经开始从图书馆、博物馆向档案馆延伸。因此，前来档案馆利用档案必定是有专门目的的习惯正在被打破，休闲型利用已经成为一种时尚行为，读者可以在休闲的环境中得到文化熏陶和审美享受。在国内，近年来档案界的一些有识之士也开始重视这种发生在档案馆的新的利用方式，并呼吁尽快建立相应的环境和机制，促使这种休闲型利用成长起来。为此，档案馆在实施信息化的过程中，应该看到这种处于萌芽状态的社会需求可能随着社会经济文化的快速发展而快速成长。休闲利用与其他利用相比有它的特殊性。由于这方面的利用目前还没有很好地开展起来，所以很难对这方面的需要总结出一些规律性的东西。但可以从图书馆、博物馆、展览馆方面吸取经验，深入思考，进行借鉴。休闲作为人们的一种生活方式，历史悠久，而文化性的休闲活动也必定有其自身的规律。例如，人们往往通过休闲活动，寻求到一种精神上的享受和乐趣，在休闲利用的同时，获得相关的知识，从中得到一种美的享受，一种兴趣的培养，一种情操的提炼，一种心情的调适。总之，这既是一种休闲（和正规的工作完全不同，可以没有目的，随机而来，在这里转了一圈后，得到了美的享受，得到了某种思想上的启示与升华，得到了精神上的休息与放松），也是一种收获。基于这样的认识，在实施信息化时，应该重视将那些具有可读性、知识性、趣味性、观赏性、珍贵性的档案信息优先予以信息化，以吸引和满足潜在的休闲利用的需要。

五、效益原则

档案信息化建设要贯彻效益的原则，这种效益主要是功能效益、利用效益和成本效益。

1.功能效益

在一定的程度上系统的功能状况是衡量信息化是否达到了预期效果的一个重要指标。信息化能否顺利地进行和运转，很大程度上取决于信息化功能的实现程度。信息化投入经费最多的是在系统功能的设计、开发以及硬件设备的配置上，因此信息化功能的显示不但包括系统功能覆盖的全面性，操作维护的方便性，系统运行的快捷性、安全性等，同时还包括整体功能的先进性和稳定性。一个系统如果达到了以上方面的要求，可以认为它是成功的、有效的；否则这个系统就是失败的。

2.利用效益

系统的利用效益指的是信息化系统能够进行各种专职性信息利用的程度。一般来说，满足度与针对性效益是成正比的，即满足度越高，其针对性效益也越高；反之，满足度越低，针对性效益也越低。这种满足度主要取决于信息积聚的覆盖面以及新增信息的周期性和及时性。社会对档案利用的需求经常处于动态变化中，这就决定了信息的积聚和扩充也处于动态的变化之中，能够把社会的有用信息增补进整个信息系统，最大限度地满足专职性、特殊性信息利用的需要，提高信息利用的针对性。

3.成本效益

档案信息化是一项长期的系统工程，特别是网络技术的运用，使整个系统的结构更加复杂，技术含量更高，因此在对系统进行使用和管理上，除了对管理人员有技术的要求外，在经济上也需要投入相当大的成本。一般系统维护和管理的成本效益主要包括两方面：一方面，系统建设必须建立在科学和可靠的基础上，即必须有比较成熟的技术作支撑，确保系统建成后日常的维护和管理能够以相对较低的费用加以维持，而不会出现系统的功能发挥还算可以，但系统维护的庞大开支却难以支撑的情况，或者是系统建设先天不足，使用中状况百出，致使在维护和管理上不断增加投入。另一方面，系统的建设必须考虑今后功能的扩充和设备的升级。也就是说，系统在建设的过程中必须考虑以后系统升级的兼容性。如果一个系统建设得很好，但生命周期很短，几年之后就无法扩容，原来的系统就无法使用，只能购买新的系统，那么这样的系统建设就没有贯彻效益的原则，也可以说，是不成熟的，是不能被市场所推广和利用的。

在信息化建设的过程中，我们应始终贯彻效益的原则，这样可以投入少量的资金，取得较好的经济效益，产生出预期的效果，从而使档案信息化建设进入良性的发展轨道，加速信息化建设持续、稳定、健康地向前发展。

六、社会化原则

档案信息化建设涉及的范围广，工作难度大，需要的技术力量相对较强，这就决定了档案信息化建设仅仅依靠档案馆自身的力量是远远不够的，必须依靠外在的社会力量才能胜任信息化建设的各项任务。这种依靠外在社会力量的做法，就是社会化原则的具体表现。

1.建档的基础工作的社会化

建档的基础工作主要指各种原始档案信息资源的加工、整合和存储。由于档案馆的信息利用比较广泛，内容也相对较多，这方面的工作量也相对较大，因此面对比较丰富的馆藏资源要想进行信息化建设，仅仅依靠档案管理人员去做是远远不够的，必须借助社会的力量来完成。例如，把档案数据录入的基本工作承包给专业公司来做，聘请有丰富经验的档案管理人员来帮助进行档案文件的著录工作等，档案馆只需要加强技术指导和质量监督，把好质量关，这样大大减少了档案馆的建档工作任务，也使档案馆的工作人员有更多的时间钻研业务，在时间上保证了档案信息化的历史进程。

2.系统的开发社会化

由于档案馆缺乏专业的软件开发人员，因此档案信息系统的开发必须依靠社会上专业的开发公司才能完成。在这个过程中，关键是要选择社会信誉高、技术力量雄厚的开发公司作为合作伙伴，现在比较可行的方法是通过招标的形式确定合作伙伴。但并不意味着档案馆就没事可做，由于系统的开发涉及专业的档案管理的应用，一些开发公司并不了解档案管理的业务，因此在借助社会力量进行开发的过程中，应该派有经验的档案管理人员积极参与，了解整个开发过程，特别应注意掌握和了解一些程序技术的关键点，以免在今后的使用中一出现程序问题就束手无策，同时也防止在今后的使用中出现被开发商牵着鼻子走的被动局面。这样一来，为以后本单位的软件升级换代打下良好基础。

3.系统管理的社会化

随着 IT 行业的不断发展，近年来软件公司也拓宽了服务业务，开始接受管理系统的委托服务。对于一些比较小的档案馆，可以考虑采取委托管理的办法来进行信息系统的日常维护和管理。这种委托公司的做法好处是：可以节省人力，弥补单位人员不足的缺点，同时可以节省在系统维护方面的经费开支，系统出现什么问题都有托管方负责处理。从不利的方面考虑：主要是缺少了使用的自主权，在信息扩容、系统升级和更新方面不能及时进行，需要和委托方商量才能解决，在一定程度上制约了信息系统的拓展。如果寻找的软件公司缺少人力、业务繁忙或技术力量不强，那么整个系统的升级运作将会受到阻碍。但委托服务作为一项社会化的内容有其存在的合理性，并且今后随着第三产业的不断发展和壮大，社会监管力度的不断加强，社会服务质量的不断提高，IT 行业服务领域的拓展和完善，以及档案管理人员的进一步精减，系统管理的社会化服务必将得到进一步的发展，服务行业在运行的过程中出现的一些弊端会不断得到改进，相信服务行业必将对信息化的发展起到积极的推动作用。

七、数量和质量统一的原则

数量和质量相统一，是开展各项工作经常要遵循的一个重要原则。在档案馆信息化建设的过程中，这一原则同样必须被遵循，而且更具有现实的意义。档案馆信息化功能和作用的发挥，十分重要的一个因素是整个系统必须达到一定的信息量，也就是说，信息化首先是以一定的信息量为基础的。只有把其中不同门类的信息积累在一起，能够满足档案利用者不同的利用需要，才能真正显示出信息化的优越性。但是收集的这些新信息必须是有一定质量的信息，而不是信息的垃圾，这就决定了档案馆信息必须遵循质量和数量相统一的原则，这一原则不同于传统意义上的数量和质量统一的概念，而有其很强的针对性。主要体现在以下几方面：

1.基础信息数据数量和质量的统一

在档案馆信息化的过程中，如果整合和存储的基础性数据，如案卷级目录、文件级目录等没有达到相当的数量规模，所谓的信息化将大打折扣。如果有了数量庞大的基础性数据，这些数据的质量却有问题，将会直接影响信息检索的正确性，严重时将影响信息检索的顺利实现。就信息化功能的实现来说，基础数据的数量决定和限制了信息化的辐射面，而基础数据的质量将决定和限制档案利用者直接的利用效果。因此，数量和质量的保证，是确保信息有效检出和利用相辅相成的两方面，必须高度重视。为贯彻这一原则，在实现信息化的过程中，既要考虑使基础数据的整合和存储达到一定的规模，同时必须严把质量关，确保每一条基础数据都符合规定的质量标准，使整个信息系统的功能得到最充分实现。

2.系统功能与系统稳定运行的统一

人们在实施信息化的过程中，往往希望所建立的系统具有多方面的功能，能够满足多方面的要求，这可以说是对系统功能作用发挥的数量要求。从信息化能够收到实效的实际经验来看，整个系统的稳定运行，确保其设计的功能能够实现也很重要，这也是对系统平稳运行的质量要求。在实际过程中，系统多项功能要求的实现，同时也给系统运行本身带来很重的负担，它对系统的稳定运行是一种压力，同时也是一种威胁。新系统功能的强大和系统稳定运行往往是信息化过程中一对突出的矛盾。一个功能强大而又运行稳定的系统是人们所期待的，但实现这个愿望往往充满风险和压力。也就是说越是功能强大的系统，要保证其稳定运行，付出的代价将更大，负担将更重。为此，需要在实际建设中正确把握好系统本身建设的数量和质量要求，既不能好高骛远，不切实际地要求系统具有多方面的功能，也不能因陋就简，在低水平上重复；既要有创造性，敢于突破，又必须扎实稳妥，注重实效，以确保系统的多功能具备和稳定运行达到圆满的统一。

3.经费投入的数量与信息化建设的质量相统一

档案管信息化是一项规模宏大的工程，尤其是一项需要投入巨额经费的建设，为此必须贯彻因地制宜原则，确保投入的经费能取得理想的效果，防止过分贪大求全，不计成本，忽视效果的做法。为此，在信息化过程中需要制定严密的制度，通过信息化的一系列环节，对经费投入后建设的质量进行检测和评估，对于质量达不到要求的要采取措施加以整改，以确保工作质量。同时，按照经济管理学投入产出的原理，对于信息化所做出的巨额投入，应该要求有相应的产出。当然由于档案信息化作用的发挥在很大程度上具有公益性，不能简单以经济收益的多少来要求和衡量其产出的效能，而应该从社会效益和经济效益两方面来综合评估所产生的效能。比较而言，档案馆所固有的特点，决定了社会效益的产出将是对档案馆信息化评估的一个重要方面。此项内容的贯彻，对于避免考虑不全所造成的浪费，防止没有经过科学规划和严密论证而盲目建设和决策失误等带来的损失，都具有十分重要的意义。

第三章 档案信息化建设的实施

第一节 档案信息化实施的原则与方法

　　档案信息化是一个系统的工程，信息技术的应用和网络平台的搭建是手段，数字档案资源的积累和管理是核心，档案信息的开发和利用是目的。档案信息化建设的重要内容就是建立一个标准的、功能强大的、安全稳定的、可拓展的档案管理信息系统，在档案工作中广泛应用。

　　实施与应用档案管理信息系统有三个要素：方法要科学、手段要先进、实施要得当。只有当领导和档案工作者都充分理解和认识档案信息化和档案管理信息系统的必要性、重要性和有效性，且期待通过信息化来获得更大的效益时，档案管理信息系统的实施与应用才能实现。

一、实施的原则

　　在档案信息系统实施的过程中，应在遵循信息化建设总体原则的基础上，采取有效的技术性原则以推动系统实施的成功。下面介绍几项非常有效的原则：

　　（一）务实导向、重视实效

　　系统的实施以安全、稳定、实用、方便、易操作为主要目标，过分追求大而全、先进的软件产品，是一种不务实的做法。这主要是因为需求不一样，行业有差别，同时信息技术、软件产品的更新换代非常快，市场上会不断有新产品出现。

（二）软硬件资源共同建设

系统的实施过程中不仅需要重视硬件平台的建设、设备的购买，更要注重在人力资源和软件系统方面的投资。IT人才、档案工作者是信息化建设的核心力量。软件系统的技术含量，现代化的管理理念更应该被重视，只有硬件设施平台是无法开展信息化管理工作的，软件系统是硬件系统发挥作用的心脏，因此对软件系统的开发及其升级的投资应十分重视。

（三）从实际出发，重视需求

信息系统的实施需要从当前的业务需要出发，提前做好需求分析，并在一定阶段的实施过程中，锁定相对需求来开展实施工作。边研发、边实施、边改变需求的做法只能得到事倍功半的效果。对于变化较大、新增加的需求，需要放在下一阶段进行。

（四）重视维护，升级换代

随着信息系统的不断应用，档案管理信息系统也在迅速地发展，而其中的难度也在逐渐增加，软件系统的安全、客户化定制等工作量比较大，也比较复杂，非专业人员很难做到专业维护。另外，随着应用的不断深入，这就需要加强软件系统的拓展。因此，购买软件系统的同时，需要购买相应的实施、维护服务，以开展有效工作，支持系统的拓展和业务的发展。

二、实施的方法

档案信息化建设有两种不同的策略和实施方法：以组织战略为导向的战略推动型和以实际业务需要为导向的需求驱动型。

（一）战略推动型

战略推动型的实施方法采取的是从整体到局部的实施路线，强调首先在对观念、目标、方向和认识等达成共识的基础上，逐步将工作分阶段实施，分阶段完成。采用战略推动型的方法实施的前提是，整体的目标和规划不仅要从全局出发，而且更需要符合档案管理机构的实际需求，既要注重发展的前瞻性，又要注重当前的实用性；一般来说，对实施战略管理的人员要求较高，既要有行业发展的规划能力，又要有信息化体系的架构能力，需要懂管理、懂业务、懂技术的专业档案管理的复合人才。

（二）需求驱动型

需求驱动型采取的是从局部到整体的实施路线。这种实施方法强调以当前业务需求为主，首先在观念、目标、方向和认识等方面达成共识的基础上，逐步将工作分阶段实现，分步完成。采取战略驱动实施方法成功的前提是战略、规划的制定不仅要从全局的高度出发，而且更需要符合档案管理过程的实际需要，既要有前瞻性、发展性，又要注重当前的实用性；要求制定战略的人员既要有规划行业发展的能力，又要有驾驭信息化的能力。需要懂业务、懂管理、懂技术，在档案管理和信息化的建设中有丰富经验的复合型的人才。

真正意义上的"战略推动"实施方法并不是不允许在实施过程中坚持"永恒不变"的策略，而是根据实际的需要和业务变动的需求进行机制的调整和完善。战略与规划制定落实的过程往往需要很长的时间，而信息技术在发展，档案业务也在改进，管理模式在变革。因此，实施的过程中必须根据需求的变化而有所变革。

目前，我国档案信息化建设正在走向标准化和规范化，战略推动、需求驱动、总体规划、分步实施成为主流实施策略。各档案管理机构应紧密结合全国档案信息化的发展战略，将档案信息化纳入本单位档案信息化的全局，制订适合本单位业务发展要求的信息化规划和信息系统的实施方案，并在实施和应用的过程中，将以务实为导向的自我调整的策略贯穿于信息化建设的始终。

第二节 档案信息化实施的途径、过程与策略

一、实施的途径

（一）整体引进

整体引进是选择具有丰富经验、信誉度比较好的开发商，由其提供或统一购置档案管理商品化的软件及其软硬件设备，由专业化的实施队伍负责项目的完整实施。好的软件一般是具有丰富经验的管理专家和高级专业计算机技术人员共同开发出的，软件本身蕴含了许多先进的管理思想和手段，针对档案业务管理的需求提供各种功能的模块，这些软件模块为档案业务流程的优化与重组提供了可借鉴的参考模型，能够在较高的层次上提升档案管理的水平；而且软件已经拥有相当大的用户群体，经过实际的考验一般都比较成熟与稳定，质量有保证；售后的维护既有保证，又有利于档案信息系统的更新。但商品软件追求通用化，其功能无论在方位上还是在深度上常常使档案部门的需求得到部分满足，但系统的实用性不强，更难以形成特色。在具体的实施过程中，单纯依靠软件的提供商可能出现档案部门过分按照软件提供的立项模式行事，而忽视档案管理的具体实际，或软件提供商过分依从档案部门的所谓特色，造成软件的先进性、通用性消失。另外，这种模式由于没有源程序代码，给系统的后期维护和二次开发造成一定的困难。

（二）自主开发

采取自主开发模式的单位一般是本单位的技术力量较强，具备较强的软件开发实力，这种研发的模式一般是单位自己根据档案业务管理的需求进行定制开发，并随着业务的不断开展，对系统不断进行完善和改进。此模式适合业务比较特殊和有特殊需要的档案部门。这种研发模式的优点是能充分考虑本单位的业务工作需要，针对性强，系统实施相对比较容易，可以考虑到本单位使用细节问题，其风险较小，可以培养自己的研发队伍，今后的系统维护和更新都能及时到位。缺点是大多数档案管理队伍的人员结构不合理，往往是业务人员多，技术人员少，尤其是高技术的系统开发人员更少，而技术人员不仅要开发系统，还要跟踪现代信息技术的发展，进行系统的维护，考虑系统的安

全备份等问题；并且自主研发的工作量较大，开发的周期较长，相对成本比较高；自主开发人员不是专门的研发公司人员，在系统的开发过程中，与社会上的先进软件相比还是具有一定的局限性。

（三）对外承包的开发

采取对外承包的开发模式的单位一般是资金比较雄厚的单位。采取的方法是购买社会上开发好的现成软件或者选择一家软件公司，按档案业务实际需求定制开发，也就是说把档案信息系统的开发工作对外承包出去。这种模式对档案部门的工作人员要求不高，在数据的备份和系统的维护方面主要是聘用专业的技术人员来做，或是委托给专业的公司。

这种方案适用于业务比较简单的档案馆，它的优点是充分利用了外部 IT 公司的力量，开发的时间较短，降低了开发的成本；缺点是不注重培养自己的研发队伍，而研发单位的人员不熟悉档案业务，开发系统的实用性较差，档案机构人员又对信息技术的认识不充分，很难提出比较好的建议，难以对开发单位的需求和设计资料进行准确的评价，往往是到使用的过程中才有较为准确的需求，给实施完成后的正常运行带来阻碍，同时也浪费了资金的投入。为了解决好开发与使用之间的矛盾，档案部门在选择开发机构时应选择开展档案信息化解决方案的专业开发商，注重考查该公司的咨询和售后开发能力，要求其不仅有咨询能力还有一定的培训能力，促进档案管理人员尽快理解和掌握系统的管理思想和应用模式，还需要提供长久的系统更新能力和良好的售后服务能力。

（四）外包与自主开发相结合

这种模式也称为混合型模式。信息化的项目在档案机构立项，委托第三方公司在其商品化软件的基础上，针对本单位的档案业务现状和业务发展需要进行客户化的定制和开发。采用此类模式的档案部门一般来说基础条件较好，相对来说资金比较充足，这种模式也是目前档案管理采用较多的一种方式。这种模式的优势在于：由开发商解决技术难点，对开发过程进行科学的安排和严格的控制，既解决了档案机构开发队伍经验少、技术力量薄弱的问题，又为档案部门培养了懂业务、懂技术、懂管理的复合型人才；同时档案管理机构还可以拥有信息系统的知识产权；更重要的是，软件的开发切合档案部门的实际要求，系统未来的运行和维护也有保障。目前，规模较大的一些综合档案管理机构大多采用此种模式，其使用的事实证明这种混合性的实施模式还是目前比较理想的运行模式。

二、实施的过程

档案信息化的实施过程是在国家信息化政策的总体规划下，按照信息化建设的整体要求，确定档案信息化建设的战略目标、总体规划，在人员、技术、资金、环境等各类资源已经具备的情况下，开展档案信息化建设与档案信息管理系统的应用。

（一）正确理解国家信息化战略与档案信息化之间的关系

第一，要正确理解国家信息化战略与档案信息化建设的关系：国家档案信息化战略是档案信息化目标、远景、职能的拓展以及业务流程的转变的完整融合，它描述了档案信息化的目标与方向、信息体系结构、技术路线、操作方法、信息化过程的内部操作标准、软件系统的评估方法和考核的指标体系等众多"软性"的规划和策略。第二，要正确理解档案信息化规划与信息系统规划之间的关系：信息化工作实际上是信息化战略的执行过程，它所研究的内容与信息化的战略有非常大的相关性，在战略体系下的具体软硬件系统设计过程，是在信息化战略的指导下，分解总体目标，针对不同的业务内容、工作流程提出功能模式，做出系统建设的成本预算，制订系统的实施计划，确定系统的组织、管理、选型方案、评估标准和过程控制方法。

总之，系统实施是信息化建设的重要内容，是完成系统建设并投入使用的关键业务过程。其成功实施标志着信息化战略与规划决策的正确性，也标志着信息化进入实质性的运行阶段。

（二）从思想上充分认识档案信息化建设的艰巨性和复杂性

档案信息化建设是一项历时较长、涉及面广、内容复杂的系统工程，而档案管理信息系统的实施与应用，是以档案业务为核心，以计算机技术、网络技术、信息技术为手段，以现代管理为指导，以提高档案的利用率和利用价值为宗旨而开展的一项划时代的业务革命，其最终目的是提高档案的信息化管理水平，挖掘档案的社会价值，提高全民族的文化素养，推动社会进步，改变经济增长模式，适应信息社会发展的需要。AMIS的实施与应用是涵盖计算机工程学、项目管理学、档案管理学、信息技术等多学科知识在内的系统化应用工程，在应用和实施的过程中严格遵循软件项目管理的先进理念，并将多学科知识融会贯通到档案管理信息系统实施与应用的每一个环节。这就要求参与档案管理的所有人员，特别是信息化项目的主要责任人必须从思想上认识到信息化建设的艰巨性和复杂性，在思想上、认识上和行动上做好迎接挑战的准备。

1.认识到信息化是一项具有划时代意义的新型工作

信息化是一项具有划时代意义的新型工作，其最终的目的是提高档案的现代化管理水平，挖掘档案的价值，提高全民族的素养，推动社会的进步，改变经济增长的模式，适应信息社会发展的需要。充分认识到档案信息化带来巨大的社会经济效益的同时，也给各级领导和基层的工作人员带来工作上的方便性和灵活性，使每个从事档案工作的人员都真正成为信息化的受益者，从而达到统一思想，统一认识的目的，确保档案信息化工作的顺利开展。

2.加强档案管理业务的学习

信息系统的应用是实现档案信息化的基本手段，其一切活动的开展必须服从档案业务的全过程和未来信息发展的需要，信息系统的应用要求档案工作者必须是懂业务懂技术的复合型的人才。如果说信息专业技术人员将软件系统设计完成后，仍然对档案业务及其知识一无所知，对档案管理流程含糊不清，那么其所设计的系统一定无法使用。因此，档案技术人员在开展信息系统的基础工作时，必须加强对档案管理业务的学习，在了解、熟悉、分析和发展档案业务和档案学基础知识的基础上，综合运用档案学、信息技术、计算机技术、网络技术等知识，加强对档案管理的理论、原则、策略、方法等内容的进一步探讨与研究。

3.加强网络信息技术的培训

在信息化的背景下，档案管理人员必须加强网络技术知识的学习，以提高自身的管理水平。档案信息化是一个系统的复杂工程，其过程包括可行性的论证、系统的规划、详细的设计、编码、实施、应用和持续性的维护等多个阶段，每个阶段都涉及多方面的技术知识的渗透、融合与综合利用。同时，整个信息化的建设过程也是一个不断完善和逐步发展的过程，所有参与人员无论是管理人员、操作人员、系统设计、系统开发和应用实施人员都必须了解和清楚各个环节的紧密关系和各个业务功能模块的来龙去脉，重点掌握自己业务范围内和所操作的系统功能模块的基础知识，才能使整个系统顺利运行并不断得到应用和完善。

4.加强档案信息资源的建设工作

档案信息化建设涉及的内容非常广泛，而且这些内容会随着社会时代的不断进步发展而得到不断的丰富，档案信息化建设面临的任务很艰巨，困难也很多，因此要有重点的突破，把信息资源的建设当作核心工作来抓，实现重点带面的良好局面。在信息已成为重要的社会资源的背景下，档案信息作为一种原生信息，正发挥着越来越重要的作用，把国家的档案资源建设好是档案工作的中心任务。这项工作主要包括三方面的内容：一是要加快现有档案馆藏文件级目录数据库和全文数据库的建设，以满足快速检索利用的需要。要加快现有档案目录的整理、著录和建库工作，局部实现档案级目录级检。二是有条件的档案部门，要积极推进那些重要的、容易受损的、利用频率高的档案数字化进程，加强重要档案的保护，提高档案的利用率。三是对新产生的电子文档，要采取科学的管理方法和利用现代技术手段收集好、管理好。随着信息技术和电子政务的不断发展，电子文件将是未来数字档案信息新的主要来源。管理好、利用好电子文件将是档案工作在信息化时代一项至关重要的任务和课题。各级档案部门要积极介入本地区本部门电子文件的产生过程，加强对电子文件的积累、鉴定、著录、归档等环节的监督、指导，保证归档电子文件的真实、完整、有效。要研究探索电子档案的接收、保管、利用的技术方法，为电子档案的尽力做好准备工作。

5.不断提高档案信息化的服务水平

档案管理工作是一项服务性的工作，它的根本任务是为国家建设和社会发展提供可靠的信息服务，在信息资源共享成为社会发展趋势的背景下，档案信息资源因其独特的价值而日益受到社会的关注，档案信息资源的社会共享已成为国家档案事业适应社会信息化发展潮流所亟待研究的重大课题之一。随着社会经济的不断发展，社会信息意识不断增强，为信息资源的社会共享提供了良好的发展空间。新时期档案工作应做到：经济建设发展到哪里，档案工作就延伸到哪里；政治建设发展到什么阶段，档案工作就服务到什么阶段；文化建设发展到什么水平，档案工作就服务到什么水平；党的建设对档案工作提出什么要求，档案工作就提供什么服务。为了更好地实现档案信息化建设的目的，应根据社会信息化的客观趋势，在不断优化传统的档案服务方式的基础上，与时俱进地促进档案工作的创新。要实现档案服务方式的创新就必须更新服务理念，整合档案资源，兼顾需要与可能创新的档案服务模式，实现档案服务工作质的飞跃，使档案信息资源的社会化共享逐渐由理想变为现实。

6.建设档案管理信息系统的安全保障体系

档案作为人类历史的记忆和现实工作的支撑，其信息的安全性至关重要。因此，在管理信息系统实施与应用的过程中，应保证档案信息不流失到非保管单位和个人，应确保档案信息安全并可读取，应确保档案信息分权限管理和分权限查询、浏览及检索利用。这不仅仅需要对档案管理信息系统提出安全保障要求，更重要的是，实施单位的安全管理措施要加强，安全管理方法要得当。

安全保障体系的建设是档案信息化建设的重要内容之一，各级档案部门在开发利用档案信息资源和网络系统建设工作中，必须提高信息安全意识，防止失密、泄密以及档案丢失现象的发生。要保证信息的安全：一是加强安全保密技术的应用，依靠先进的技术手段，在档案网络技术建设中，必须充分应用信息安全保密技术，解决好档案信息传输与存储安全保密问题。二是要建立完善的保密制度，各级档案部门在信息化建设的过程中必须制定针对性强、操作性能好的信息安全保密规定，确保档案信息的安全。三是要建立严格的管理制度，各级档案管理部门要加强档案著录标引、数字化转换、档案网络信息公布等过程中的安全管理，实行安全责任制。非公开的档案信息一律不准在网上提供；已公开的档案目录或全文查询服务，要认真采取安全防护措施，实行严格的授权管理体系，确保档案信息和系统的安全。

要把档案安全问题提到议事日程上来，任何时候都不能有丝毫懈怠，越是在信息化程度日益提高的情况下，越要全面兼顾档案的实体安全和信息安全。要严格执行档案安全保管的责任制度，杜绝一切事故的隐患；严把档案利用审查关，不该提供利用的档案坚决不能提供利用；要严格执行"三网"隔离制度，采取可靠的防范技术和措施，确保档案部门的网络信息安全，对面向公众的网上信息进行严格的审查，确保上网信息的安全性。

（三）加强资源建设

1.人才资源建设

档案信息化管理系统改变了传统的手工操作方法，对档案管理人员的整体要求比传统的管理要高，这是因为档案信息化管理系统的应用要涉及许多方面的知识，需要有变革的管理思路。这就要求档案管理机构转变管理理念，档案管理信息系统本身就蕴含着现代管理思想，如归档流程的自动化、信息著录标准化、信息著录的一致性以及系统集成等现代管理理念。档案信息化系统的成功应用是在对其深刻理解的基础上才能见到的明显效果，这要求决策者和业务人员能够接受和理解。对于在认识上的转变，档案管理者要充分认识到网络化应用在带来方便的同时也带来一些新的问题，认识到提高档案管理信息系统是提高业务服务效率与质量的手段，认识到资源共享的重要性，认识到需要不断地学习新的知识，认识到有档案管理系统当助手，档案业务人员才能将工作的重心转移到钻研业务、深层次管理开发利用上。

总之，要建立一支既熟悉档案业务又懂信息技术的人才队伍，不断提高档案部门人员的素质。一方面应通过实施各种培训，提供各种学习条件使档案管理工作人员能够很快熟悉掌握信息技术的理念、方法和思路；另一方面应大胆引进信息技术、网络技术等方面的人才，将信息技术融入档案业务管理中，真正做到业务、技术双精通，做到各尽其用。

2.信息资源建设

网络环境的核心资源是档案的数据和信息，它们是网络环境的基础资源，离开了这些基础资源，网络信息化就成了无水之源。在实际运行的过程中，不是所有的档案部门都能重视这些基础资源的建设，有一些单位甚至在已经购买了设备和软件后，还未将档案的目录进行整理，导致系统被淘汰了，电子文件的管理更无从说起。因此，各单位在建设网络环境之前，必须将基础数据录入档案专用服务器中，建立分类数据库，为以后应用网络管理系统打下良好的基础。

在数据信息录入的过程中必须遵循标准化、规范化的原则，这也是国家对档案信息化建设的基本要求。并不是所有的信息化单位都能够做到，一些使用单机版的单位，其档案数据在遵循标准和规范方面离国家规定的档案管理目标还有很大的差距。因此，在进行网络化管理信息系统建设之前，必须提前做好录入数据的规范性工作。

数据的整合也是网络化之前必须要做的工作之一。数据的整合就是按照标准、规范以及网络化资源共享的要求，将同类数据和相关数据进行整合，将数据字段整理出来，进行合理分类。也就是将原来一个个独立存在的数据进行分类整合，并抽取其中规范的数据字段以方便统计，这项工作也是档案信息资源建设的基础工作。

3.安全资源建设

一个安全、稳定、可靠的信息系统，是顺利开展工作的可靠保证。网络版的档案管理信息系统必定需要支持网络化应用的数据库管理系统，目前有的解决方案只将档案目录信息存储在关系性数据库中，而将电子文件全文存储在文件服务器中，这样又多了一层数据管理，这些数据一旦出问题，系统也就失去存在的意义。因此，必须制定相应的档案管理信息系统的安全保障措施，才能保证档案信息的安全和信息系统的安全，才能保证信息化战略的顺利实施。

4.设备资源建设

网络是信息化的基础设施，拥有一套可靠、稳定、安全的网络设备是档案信息化的基本保证。由于使用单位的情况各不相同，因此在建立本单位的网络体系时应根据实际需求状况和本单位的发展需要，构建适合自己的网络运行环境。这样既能保证目前的网络正常使用，又能为将来的网络扩展创造条件。

一般来说，网络布线、端口设计、设备摆放等网络基础设施的建设，在设计建楼时已经考虑到并予以实施，但在使用的过程中也会随着需求的不断变化而逐步调整。对于网络设备的购买，最主要是结合本单位的实际需要，在购买的过程中一定要严把质量关，确保购买的设备是先进的合格的产品，绝不能为了贪图便宜以次充好，结果造成工作过程中故障频繁，那样就得不偿失。最后是警钟长鸣的安全问题。一般来说，网关、防火墙、入侵检测等安全产品是网络安全保证的基本需要，如果将本单位的计算机接入网络而没有采取任何的保障措施，那是非常危险的做法，也是违背安全保证工作条例的行为。

三、实施的策略

（一）提高认识，需求驱动策略

管理信息系统是实现现代档案管理的一个重要工具和手段，它能给档案管理工作带来多少效益，一方面取决于所选择的管理信息系统是否具有先进性，是否适合本单位的实际情况；另一方面取决于档案管理人员采取什么样的理念来应用它。更重要的是，应充分认识到网络、计算机及档案管理信息系统本身并不是万能的，它们需要档案工作人员在充分认识的基础上，按照需求驱动原则结合实际工作对其功能进行准确定位，然后才能更正确地使用，才能真正发挥计算机的先进作用。

（二）总体规划，分步实施的策略

档案管理信息系统是档案管理信息化的基础，它的应用与实施都必须围绕信息化建设的总体战略规划来进行，因此必须遵守整体规划、分步实施的原则。在实施的过程中，要有选择地挑选基础工作做得比较好的部门来进行重点的建设，并将其成功的经验加以推广。

第一，必须强调分步实施一定要从总体规划出发。信息化规划的目的是为信息化实施提供指南，那么规划与实施之间应是规划先行，实施紧跟其后。在选用应用软件时，就应该从整体的需要出发，避免脱离目标而陷入实际的困境；应该从业务变革出发而不是从技术变革出发，从而有利于充分利用组织的现有资源来满足关键需求。不坚持这两项原则就很难实现信息资源的综合利用，也无法适应社会利用档案变化的多端需求。另外，总体规划必须科学、务实，对分步实施才能有指导和依据作用。因此，信息化整体规划必须在设计上提供一个高度集成的、统一的、满足信息化管理整体需要的弹性应用框架，才能使分步实施有的放矢。第二，要讲究实施的策略。总体来说，长远规划、重点突破、快速推广是一种有效的策略。应该选择那些需求迫切、能较快实现业务流程整合和现阶段信息化应用较好的领域加以突破。在阶段实施的步骤上，因为数据库的建设是一项艰苦的长期工作，不能马上见效，所以可以先抓网站的形象建设，以引起领导重视，增加投入。第三，要注意分步实施的系统之间的衔接问题。时间上的分阶段实施要注意前后系统的衔接问题；空间上的分阶段实施则要注意不同单位和部门之间所开发系统的标准化问题。

（三）转变观念，与时俱进的策略

社会信息化建设的不断发展，使人们对信息化建设的认识也在不断深入，人们只有转变陈旧的管理理念，不断地加强自身的综合素养才能跟上时代的发展步伐，这就要求档案管理部门的领导能正确认识到信息化建设的社会效益，同时多给档案管理人员提供学习机会，让更多的人认识到档案信息化的重要性，确保在实施和应用档案信息化系统时做到：领导对档案信息化建设和管理信息系统的应用有足够的理解和指导能力；业务部门的领导能够制订规划并组织实施；档案工作人员能够配合。

（四）抓住机遇，勇于探索的策略

档案信息化建设的顺利开展必须在基本条件具备的情况下才能进行，抓住合适的机会开展信息化建设和网络化应用是非常重要的。特别是对于那些正处于采用什么样的方案、选择什么样的软件系统入门阶段的档案部门就更加重要。网络化应用首先是需求驱动的，并且是在档案业务管理比较规范、人员素质较高、业务流程清晰、标准规范严格、基础数据准备充分、网络及设备资源基本具备的情况下才能开展起来。因此，无论是正在开展信息化建设还是正准备开展信息化建设的档案部门，都应抓住时机积极开展，才能取得良好的效果。

看一个单位开展信息化建设的时机是否成熟，主要看其周围的环境因素是否成熟，即人、财、物等方面是否具备，而具体需要什么样的条件取决于系统实施的内容、范围、应用规模及当前业务的规范程度等。特别是建立网络化的信息系统，涉及的人员比较多、系统的功能相对比较复杂、需要购买和配置数据库服务器以及文件服务器等，实施的过程也比较复杂，这需要根据实际情况来确定资金、人员、设备和网络资源是否具备条件，同时还要考虑本单位当前业务需要和未来发展的需要。因此，制定总体规划是十分必要的，这样可以确定近期和远期的发展目标、系统功能、工作计划、实施范围、工作内容、搭建软硬件的环境及管理人员的培训费用，进行风险分析，来确定开展工作的策略和方法。

（五）安全的保障体系，实行专业化服务的策略

在社会信息化的背景下，档案信息化建设势在必行，但采用什么样的措施才能保障档案信息在为社会提供利用服务的同时，保证信息的安全性是需要考虑的问题。这里的安全性是指信息不流失、不被篡改。从"互联的程度"到与"互联网隔离"等信息安全策略应根据档案的密级、保管方式、加工处理及其存储方式等采取恰当的措施。为了保证安全采取"一刀切的孤岛式管理"的极端的、片面的安全管理策略是不可取的。特别是在数字化和网络化推广应用后，档案信息管理和维护工作量比较大，数字化加工的工作量更大，一些单位采取自己加工的方式，结果耗费了大量的人力、物力和财力，而且工期拖得很长，最终得不偿失。此外，系统的维护问题，包括网络、硬件、操作及应用系统都需要专业技术人员进行统一的管理和及时的维护才能保障资源的安全性。针对这种情况，市场上出现了提供专业的数字化加工、信息化应用服务的新技术公司，对于一些有条件的、信息化工作量大的单位，在制定严密的安全措施和签订保密协议的基础上，委托第三方开展专业化技术服务是当前行之有效的解决办法。

（六）统筹协调，领导主抓的策略

档案信息化的实施与档案管理信息系统的应用几乎涉及本单位所有的工作人员，其中最难的是人的协调。信息技术部门与业务档案部门之间能够解决的是业务上的沟通，

系统上的理解和业务上的操作，但担任不同的职位，承担不同任务的人员从不同角度上对信息化的认识和系统应用是很难达到完全一致的。由此产生的工作上的不足、思想上的抵触、认识上的缺陷、观念上的差异等将会导致工作无法进行下去。而这些问题特别是人、资金及重要资源等问题，只有拥有权力的"一把手"管理层，真正"融入"档案信息化的建设过程中，才能有效地解决。许多成功的案例也证明了这一点，只有坚持"一把手"工程，坚持管理层的参与和控制，才能将人力资源落实到位，才能将协调的难度降低，使 IT 资源达到最佳配置，信息技术才能真正发挥作用，应用系统才能得到深层应用和广泛普及。

第四章 档案信息数字化管理

第一节 档案信息数字化概述

一、档案信息的数字化的目的和要求

（一）档案信息数字化的目的

档案信息化建设的根本目的是最大限度地发挥档案资源的价值。档案部门配备电脑构建信息网络，只是铺设了档案信息利用的"高速公路"，而这些"高速公路"能否真正发挥效能，则取决于有无充足的运送对象——数字档案资源。对传统档案进行数字化，旨在为信息传输"备货"，其意义不言而喻，具体目的有以下三方面：

1.提高档案信息的利用效率

数字化后的档案可以在网络环境中提供利用，充分发挥网络传输面广、快捷便利的优势，解决传统利用方式中同时利用带来的矛盾。此外，数字化后的档案可以与办公系统生成的现行电子文件在同一系统中提供利用，极大地提高了文档信息的利用效率。

2.保护历史档案，规避安全风险

许多历史档案因物理老化或保管不当而脆弱易损，如不及时"抢救"，很可能彻底损坏，通过制作其数字化副本代替原件流通利用，可保护重要历史档案免遭进一步损坏；异地存放多套档案数字化副本，可确保档案信息的安全，规避各种自然灾害或人为损害对档案信息可能带来的灾难性后果。

3.缓解库房空间紧张，便于档案移交工作

对于日益增多的非永久保管的半现行文件，可通过制作数字化文本来取代原件进行保管，缓解档案库房保存空间的压力，提高空间利用率。以数字化档案代替档案原件，以档案"信息流"代替档案"物流"，可以解决已到移交年限档案的移交与利用之间的矛盾，便于档案移交工作的正常执行。

（二）档案信息数字化的要求

1.规范性要求

规范性是开展档案信息数字化最基本的要求，也是确保数字档案信息可用性的基本条件。规范性要求的内容是所有数字化的档案信息必须按照规定的技术模式、文件格式和工作标准进行数字化，并尽可能采取通用标准。

档案数字化的目的是利用网络这种新的信息传递方式来提供档案服务。因此，数字档案信息的存储与传递必须制定并采取各方认可的规范与标准，以避免因存储格式和软件平台的不同而不断转换，造成资源浪费和时间延误，降低信息存储与传输的效率。

2.安全性要求

（1）确保档案原件的安全

数字化需要对档案原件进行扫描、录音或录像，因而有可能对原件进行拆卷、加工或其他必要的处理。由于被数字化档案大多数是要继续保存的，在数字化处理过程中必须最大限度地保护档案原件，尽量避免造成档案原件内部特征和外部特征的不可逆变化。否则，一旦发现处理质量不满意或者处理好的数字化档案信息被破坏和丢失，便没有挽回的余地。对于具有文物或史料价值的档案，遵守这一点尤为重要。为将数字化工作对档案原件的安全威胁降至最低，必须仔细设计档案信息数字化的工作流程，制定严格的操作规程，确保数字化工作安全有序开展。

（2）维护档案信息的保密性

我国档案行业标准《纸质档案数字化技术规范》要求："纸质档案的数字化，必须符合国家档案开放规定以及有关规定。"虽然被数字化的档案大多数是开放文件，不具有保密性，但是为了保护档案原件或备份拟移交文件而进行的数字化，则可能涉及保密档案。档案数字化工程通常有外来人员参与或由专门的数字化公司承担，为此对参与数字化工作的公司和人员应进行严格的安全保密教育，签订安全保密协议，限定其操作权

限和确定其保密责任。对于内容十分敏感或者有非常严格适用范围的档案文件，应考虑由专门人员采用专门的设施进行数字化。数字化后应将过程中缓存在操作终端或服务器中的相关文件彻底删除，以免失密。

3.原真性要求

档案信息的数字化必须确保信息内容的原真性。数字化是对档案信息存在形式的变化，这种变化犹如对档案原件进行复制一样，可能出现复制件内容与原件内容不一致的情况。"忠于档案原文"是档案工作者的天职，在档案信息的数字化过程中，必须严格维护数字化档案信息内容的原真性，最大限度地保留档案信息的原始面貌。如果数字化后的档案信息大量丢失原载体上的信息内容，那么，档案数字化将失去意义。

事实上，由于技术和文件体积上的限制，因数字化造成档案信息某种程度上的失真将不可避免。为此，在选择文件格式、技术参数和处理方法时，必须在文件精度、文件大小和系统处理速度上进行权衡，优先考虑文件的保真度，力争将信息失真降到最低程度，至少应限制在可允许的范围内。

4.效率性要求

档案数字化工作面广量大，耗时耗财，必须十分讲究工作的效率与效益。主要有两方面的要求。

（1）要采取最优化的技术方案

应在充分研究的基础上选择最优化的档案数字化方案，包括最优化的工作流程，最合理的文件格式，最有效的信息存储模式和高效、经济的数字化加工系统。技术方案决定着整个数字化工程的效率，而高效率的数字化加工系统更是档案数字化工程的"利器"。数字化加工系统的效率与设备投入的多少并不成正比，高效的数字化加工系统是硬件设备、软件系统和工作流程的合理配置，一味追求高配置的硬件设备，讲究扫描仪的扫描速度，而忽视软件处理效率和加工力量的配备，会因设备利用率低下而造成浪费。多数情况下，配置两台中速扫描仪要比配置一台高速扫描仪的性价比更高。

（2）要实现档案数字化工程的专业化和社会化

对传统档案的数字化是档案工作从纸质时代向数字时代转型的过渡性工作。在过渡阶段，由于传统档案存量较多，需要集中处理，数字化任务比较繁重。但存量得到解决后，随着无纸化办公的进一步发展，档案数字化任务也就基本完成。因此，对大部分档案馆来说，数字化只是阶段性工作，至少经过一个阶段后工作量会锐减。每个档案馆都配置庞大的数字化加工系统是没有必要的，可以通过相互合作或借助外部的数字化公司来集中解决过渡时期的档案数字化任务，由此以较低的成本获得专业化服务，避免大量高配置设备的低利用率，从而提高整个社会的档案数字化劳动效率。

5.实用性要求

档案数字化需要较高的投资成本，开展该项工作之前必须分析其实际效益，明确其必要性。对档案进行数字化可能出于各种目的，但归结起来不外乎两点：为保护档案尤其是濒危档案而制作数字化复本，和为实现网络环境下的共享利用而数字化。深入分析可以看到，无论出于何种目的，都只需要进行有限范围内的数字化工作。

其一，需要用数字化副本的方式加以特别保护的濒危档案只是少数，况且这种替代式保护只是权宜之计，无法从根本上解决这类档案的长久保管问题；其二，为网络共享进行数字化，必然要考虑拟数字化档案的实际利用率，数字档案在寿命期内的网络利用频度足以抵偿其不菲成本的只是少数；其三，互联网是超越时空的虚拟环境，存储在网上某一节点的数字化档案信息可以方便地被整个网上的所有用户使用，原有的时空阻隔被完全打通，许多原来因地域隔阂而重复保管的档案信息在网络环境中将成为冗余信息。因此，档案机构在确定拟数字化档案的范围时必须充分考虑网络共享的这一特点。

二、档案信息数字化的标准

（一）档案信息数字化工作的宏观组织

1.加快档案数字化标准规范建设

国家档案局要责无旁贷地承担起档案数字化相关标准的制定工作，并严格监督这些标准、规范的执行情况。目前，我国虽已出台了《纸质档案数字化技术规范》，但规范范围有限，照片、缩微胶片、音频、视频的数字化标准仍未问世。由于国家标准出台相对滞后，落后于实际工作的需要，导致各地早期数字化的档案资源缺乏规范，形式不一。加快档案数字化标准体系建设，是档案数字化宏观管理的首要任务。为保证数字化档案资源与数字图书、情报以及其他文献信息检索利用的一体化，国家档案局应积极联合图书、情报部门，制定共同的技术标准，建立统一的技术模型和技术规范，以实现不同数据资源的"无缝整合"，提高信息资源的利用效率。

2.建立档案数字化工程中心

各级档案行政主管部门应组织资源成立地区档案数字化工程中心。档案数字化工程中心的基本任务是开展档案信息数字化技术研究，提供档案数字化技术咨询，专业从事档案数字化加工。档案数字化工程中心可以采取灵活多样的组织机制，既可以是非营利的事业机构，也可以是商业化的经济实体；既可以是地方档案馆的下属部门，也可以是多方合作的股份公司。无论采取何种组织形式，档案行政主管部门在中心的运行过程中应有专业"话语权"，能够通过合法的形式对下属档案部门进行指导、监督与控制，以保证档案数字化工作的规范、有序。

3.建立档案数字化机构认证制度

对从事档案数字化的机构实行认证、许可制度应成为发展的一个方向。质量认证和许可证制度是现代经济的重要组成部分，目的是控制生产者和生产过程的规范化，确保产品质量。认证分为商业性认证和法规性认证，后者具有强制性。目前，数字化档案信息的法律地位正在逐步得到认可，作为法律证据的数字档案信息不仅要有可信的来源，而且要由可信的机构对其进行数字化处理，包括嵌入验证其信息真实性的"数字水印"等。目前，除档案部门外，从事档案数字化工作的有各类文献信息机构或其下属经营开发公司、信息技术公司等，这些机构技术力量和管理能力参差不齐，基础条件不同，经营运作纯市场化，追求的是经济利益的最大化。

4.启动"档案数字化工程"

档案工作是国家的一项基础性事业，不可能实现产业化。档案的数字化需要大量的经费支撑，对公共档案而言，这些经费主要来自政府的财政预算。为了加快档案数字化建设的步伐，引起各级地方政府的重视，国家档案局和地方档案行政主管机关要力争启动国家或地方的"档案数字化工程"或"数字档案馆工程"，以获得专项经费的支持。

（二）数字化档案文件格式的选择

1.数字文件格式的实质

数字化的实质是信息记录方式和载体形式的变换。传统的档案信息以图、文、声、像等形式记录于纸张、胶片、磁带等传统载体上，这些信息经过数字化后，以数字代码的形式加以记录，即这些图、文、声、像信息按照某种规定的方式变换成数字代码的组合，并被转录到磁带、磁盘、光盘等数字载体上。

2.数字化档案文件格式选择的基本要求

档案保管利用的长久性，要求所选文件格式具有相对稳定性和对技术环境的相对独立性。文件格式必须在数字化之前选定，并且一经选定只能一以贯之。格式的随意改变或多样性将造成难以想象的困难。然而，数字文件格式本身处于不断发展之中，新的格式层出不穷并日臻完善。这种"稳定性要求"与"变动性现状"之间的矛盾，使得数字化档案文件格式的选择成为一个重要课题。根据所表达信息类型的不同，数字文件格式分为图形图像格式、音频格式、视频格式等。不同信息类型的档案，所选择的文件格式不同。

（1）文件的保真度

"忠于原文"是档案数字化的基本要求。数字化可以看成对档案内容的复制，这种改变信息表达方式的复制过程极易造成内容的失真。为此，在选择文件格式时要考虑其保真程度。数字化档案目的不同，对信息保真度的要求也不同，但无论如何，档案数字化对保真度的要求要高于其他文献。严格地说，任何格式的数字文件都存在不同程度的信息失真，关键是将失真度控制在可允许的范围内。

（2）文件的大小

高密度存储始终是档案管理追求的目标。档案文件卷帙浩繁，即便只是其中少数精品数字化，也将占用巨大的存储空间。也许在起步阶段，档案数字化在存储空间上的压力并不大，但与一般文献的数字化不同，数字档案文件通常需要长久保存，其累积空间是十分惊人的。为此，在选择文件格式时必须将文件的大小作为一个重要的因素予以考虑。

（3）与软硬件平台的相对独立性

大多数数字文件需要长期保存。在选择数字化文件格式时，拟选格式对软硬件平台的依赖程度是一个十分重要的因素。文件格式根据其对软硬件环境的依赖性可分为应用软件专用格式、中间转换格式两种。

应用软件专用格式是某种应用软件在运行过程中为其数据对象自行规定的记录格式。这种格式虽然能够保存文件信息，但对特定软硬件环境具有很强的依赖性，其存储处理和还原受到操作系统、应用软件版本等的限制，要"原汁原味"地再现档案的原始面貌，必须重构这种专用格式特定的生成环境，包括操作系统、特定版本的应用程序，甚至特定的硬件平台。在经过较长时间后，再建某种应用软件专用格式的生成环境不仅投资很大，而且通常难以实现。因此，无论应用软件专用格式的技术支持有多好，这种格式都并非数字化档案的明智选择，除非它已经成为事实上的标准。

中间转换格式是按照跨应用软件、跨软硬件平台要求为同类专用格式相互转换而设计的数字文件格式，如图形图像文件的 TIF（Tag Image File Format，TIFF，标签图像文件格式）、PDF（Portable Document Format，便携式文档格式）等。作为各类专用格式相互转换时的"中介"，各种应用软件都尽力支持中间转换格式。因此，中间转换格式具有较大的通用性。中间转换格式的优点十分明显，能在不同操作系统和硬件平台上使用，不受数字环境的限制，便于资源共享和长期保管。以这类格式保存的数字文件，需要迁移的频率较小，迁移过程相对简单，数据丢失的风险减小。因此，数字化档案应尽量选择中间转换格式。

（4）通用性

通用性是指某种数字文件格式被用户和业界广泛使用和支持的程度。具体表现为选择该种格式的信息系统的相对数量，各类应用系统对该种文件格式的技术支持或兼容性，获取该格式工具软件或应用系统的便利性，该种格式的技术开放程度等。

档案信息数字化的根本目的在于利用。因此，所选的文件格式必须考虑广大档案用户的利用环境，即用户软硬件环境对所用文件格式的支持程度。显然，选择通用性较强的文件格式会得到更多用户环境的支持。事实上，一个文件格式之所以流行，不仅因为这种格式自身具有种种优势，还因为这种格式获得了更多的技术支持，其利用环境的建立十分便利。比如，用户可以通过网络或其他途径，廉价甚至免费地获得其生成、阅读、处理、转换所需的各种工具软件，或者大多数用户已有的应用程序兼容这种文件格式。

文件格式的通用性通常与其技术开放性相关。技术公开的文件格式，便于众多应用系统的开发者实现对该种文件格式的兼容或支持，从而增加其流行度。通用性的加强，又迫使更多新的应用系统以这种格式为规范，以求达到与其兼容。反之，具有技术专利的文件格式通用性必然受到限制。

（5）标准化程度

每一种类型的文件都有多种多样的格式，这些文件格式的产生源于三种情形：配合特定应用软件及其软硬件环境而制定的格式；计算机相关厂商为占领或规范市场而推出的文件格式；国际性组织或协会为规范、统一起见，而推出或推荐的某种文件格式，或者对某类格式做出的某些技术规范，如国际标准化组织和国际电话电报咨询委员会为数字图形图像文件制定的国际标准 JPEG 格式（Joint Photographic Experts Group）、为音频文件制定的压缩技术规范 MPEG（Moving Pictures Experts Group，动态图像专家组）等。

选择数字文件格式时应优先考虑标准格式或规范化程度较高的文件格式。一方面，出于对所选格式的通用性、技术开放性考虑；另一方面，标准格式或规范化程度较高的文件格式通常在技术上更为合理。

需要指出的是，一个标准格式的形成是要经过时间考验的，在许多情况下需要3～5年甚至更长的时间。在标准格式问世之前，某些被业界或用户广泛支持、使用的格式，由于已牢固占领并主导市场而成为事实上的标准格式。

3.档案数字化的目的

（1）受制于数字化工作的目的和性质

文件格式的选择还受制于数字化工作的目的和性质，目的不同，所选的数字文件格式就有可能不同。档案数字化工作的目的之一是长期保管，为保管目的而数字化存在两种不同情形：其一，使用数字化复本替代原件长期保存和使用，原件销毁；其二，为重要档案原件制作异地保管的数字化复本。显然，"替代性保管"和"复本保管"对数字化工作的要求是不同的。对于前一种情况，数字文件内容上的"原真性"要求和长期保管的安全性要求远高于后者。为此，"替代性保管"所选的数字文件格式必须具有良好的还原性、安全性，其识读、显示出来的数字文件在内容上应与原件完全一致，在原件销毁之前要严格地比对、鉴定，并能通过数字签署等技术固化数字文件的内容，防止保管、利用过程中信息被篡改。因此，"替代性保管"对有损压缩格式的选择应十分小心，即便采用，也必须将压缩比、分辨率、采样频率等技术参数的设置限于能够"维持档案原貌"的限度，不能过多地考虑存储容量问题，而拟选格式是否具有安全管理和数字签署功能倒是一个重要的考虑因素。"复本保管"对数字文件格式的选择要宽松得多，主要考虑在维护"原真性"的前提下如何缩小文件的大小和日后文件还原的便利性。

（2）数字化目的内容

对档案进行数字化更多的是出于利用目的，主要是为了快速、便捷地利用档案的信息内容。为利用而数字化对数字文件原真性的要求要比为保管而数字化低得多。为利用而数字化同样要区分两种情况：非网络利用和网络利用。非网络利用的范围十分有限，目前主要通过将数字化档案封装打包成光盘的形式发行。这种形式的数字化与制作、发行一般文献的光盘资料无异，注重短期利用效果。因此，选择文件格式时应更多地考虑拟选格式的通用性和文件的大小。由于以光盘的形式打包发行，有时可能选择更具针对性的专用格式，只要利用起来方便倒也无可厚非。网络利用是数字化档案利用的主要形式，如网站档案信息公布、网上档案传输服务等。由于受到带宽的限制，网上档案利用尤其是网上实时响应对文件大小的控制近乎苛刻，此时选择文件格式不能在文件"质量"上做过多要求，只要能提供所需的信息即可。近年来，专门针对信息资源的网络利用推出了众多"流媒体"文件格式，这类格式对档案的网络利用而言是不错的选择。

第二节 纸质档案的数字化管理

一、纸质档案的数字化

（一）纸质档案数字化的技术模式

1.目录数据与全文图像分体方式

每份文件的目录数据与全文图像分开存放：目录信息存放于目录数据库；全文图像以文件形式按照预定的存储规则和命名规则存储于文件服务器。目录数据库记录中的一个字段用于存储对应全文图像的存储路径，在目录数据库中检出文件记录后，借助记录中的存储路径可链接、显示该文件的数字图像。这种分体存储方式减小了目录数据库的规模，加快了对目录数据库的操作处理速度，提高了数据检索和更新的效率，确保了数据库的稳定性；缺点是地址链接容易出错，数据挂接颇费精力，备份比较复杂，需要通过软件来实现全文图像和目录数据库的一致性备份，因此程序编写较为复杂。

2.目录数据与全文图像一体方式

文件的目录数据与全文图像作为一条记录存放在同一数据库中，即将档案的数字图像作为文件记录的一个字段（大对象数据项）直接存储到数据库中。

3.OCR 全文与目录数据合一、图像分体方式

为实现对档案内容的全文检索，对于印刷清晰的纸质文件，很多应用系统在扫描其数字图像的同时，还采用 OCR（Optical Character Recognition，光学字符识别）技术将扫描后的图像文件转换成文本文件，建立文本与图像页面之间的对应关系。在使用时，

具有全文检索功能的系统可以对存入其中的文本文件进行逐字、逐词式的全文检索（基于文件内容的检索），查找到所需内容后，再调阅该文本内容所对应的图像页面（扫描图像），用于观看档案文件的原貌。OCR 后的文本全文可作为不定长字符型字段附加在相应文件的目录数据之后，供档案管理系统对该文件进行自动标引和全文检索。除全文检索外，这种方式的另一个优点是可以对存储的档案文件进行自动、半自动标引，大大减少了著录标引工作的工作量。缺点是代价较大，需要配置全文检索工具软件。

（二）纸质档案数字化的工作流程

1.档案整理

（1）检查案卷文件及其目录数据质量

在开始扫描前，整理人员先按扫描计划和工作进程，以一定数量的卷数为一个批次，从档案库房提取档案，检查案卷的完整性，并按照《档案著录规则》等的要求，规范档案目录内容，包括确定档案目录的著录项、字段长度和内容要求。对有错误或不规范的案卷题名、文件名、责任者、起止页号和页数等进行修改。

（2）拆除装订

如果不去除装订物会影响到扫描工作的开展，因此应拆除装订物，包括起订、拆卷、撕开粘贴页等，使档案文件以散张形式存放。拆分前检查卷内页号是否完整无误，发现有误及时纠正，发现没有页号则正确添加，以防止档案文件的丢失和错序。拆除装订物时应注意保护档案不受损害。

（3）区分扫描件和非扫描件

从拆分好的档案中选出需要扫描的页面，再次编制所需扫描的页号，两个页号通过不同的铅笔颜色或位置区分，以确保档案还原时能够清楚区别和核实页数。此后，把同一案卷中的扫描件和非扫描件区分开，并按扫描后的电子文件组织形式进行重新分类，以便批量扫描。

（4）页面修整

破损严重、无法直接进行扫描的文件，应先进行技术修复。因褶皱不平而影响扫描质量的原件，要先进行相应处理（压平或熨平），再进行扫描。

（5）档案交接

登记分类整理后的档案按顺序交付扫描人员，交接时填写纸质档案数字化加工过程交接登记表单，详细记录档案整理后每份文件的起始页号和页数，由交接双方签字。

（6）装订

扫描工作完成后，拆除过装订物的档案应按档案保管的要求重新装订。在恢复装订时，注意保持档案的排列顺序不变，做到安全、准确、无遗漏。

2.档案扫描

（1）扫描方式

扫描之前要根据拟扫档案的质量和对扫描速度的要求，选择采用平板扫描或自动进纸扫描。平板扫描仪将档案固定在静止的稿台上，通过感光鼓的平移来完成扫描过程；而自动进纸扫描仪中档案要随扫描仪滚动轴一起滚动来完成扫描过程。尽管这两种扫描方式形成的图像文件相同，但在扫描速度和对文件纸质的要求上差别很大。自动进纸扫描仪多为中速或高速扫描仪，速度每分钟几十甚至上百张，比平板扫描仪快一个数量级，但其对纸质要求较高。

（2）扫描色彩模式

第一，黑白二值扫描。又称单色扫描，以这种方式扫描的图像只有黑白两级灰度，即每个像素非黑即白，没有彩色或中间色（灰色）呈现。黑白二值扫描方式不能很好地表现照片图像，对于学籍登记册、婚姻登记表等证件档案，由于其上贴有身份照片且尺寸较小，用二值扫描基本上无法辨认，故不宜采用。

第二，灰度扫描。所生成的图像既包括黑白两色像素，也包括黑白之间的中间性灰色像素，因此能较为精确地表现图文的明暗变化和内容细节，但占据的存储空间要远远大于二值扫描图像。灰度扫描适用于存在明暗变化的黑白图像，字迹清晰度差，或者带有插图照片的黑白档案的数字化扫描。一些年代久远的档案，由于纸张已经发黄，文件底色与其上记载的文字内容的对比变得不太明显，这类档案虽然没有照片，但应采用灰度方式扫描。

第三，彩色扫描。彩色扫描所生成的图像文件是彩色的，它能丰富地表现档案的全貌及细节部分。彩色扫描生成的图像占据存储空间巨大，在档案数字化扫描过程中，除有特殊需要外，一般不宜将纸质档案扫描成彩色的图像文件。

（3）色彩位数

采用彩色或灰度扫描时，还需要确定色彩位数或灰度等级。色彩位数或灰度等级越高，所表达的颜色（或灰度）种类越丰富，越接近自然色。对纸质档案而言，一般文稿或图片的质量不会很高，即使采用高色彩位数扫描，效果亦不可能有太大提高，相反文件的大小却呈等比数列增加。

（4）扫描分辨率

分辨率是扫描过程中最为重要的一个参数，是单位长度内图像包含的点数或像素数，一般用每英寸点数表示。分辨率越高，图像越清晰，但所占的存储空间也越大。分辨率越低，图像细部就越失真，所占存储空间也就越小。因此，选定扫描分辨率时，要在图像清晰度和所占存储空间之间进行权衡，原则上以扫描后的图像清晰完整、不影响利用效果为准。

（5）亮度

亮度是调节扫描后生成图像明暗效果的特定指标。亮度值越高，图像越明快；亮度值越低，图像越灰暗。亮度值调节的合适与否关系到所形成图像文件的清晰程度，影响着 OCR 的准确率。

如果采用灰度或彩色扫描，生成的图像文件在事后仍可借助图像处理软件进行亮度调整，但如果采用的是黑白二值扫描，扫描时确定合适的亮度就非常关键，它不仅能使白底黑字的档案更加清晰，而且可以修复档案原文在黑白反差上存在的缺陷。

（6）扫描登记

扫描后要认真填写纸质档案数字化加工过程交接登记表单，登记扫描的页数，核对每份文件的实际扫描页数与档案整理时填写的文件页数是否一致，不一致时应注明具体原因和处理方法。

3.图像处理

（1）图像数据质量检查

对图像偏斜度、清晰度、失真度等进行检查，发现图像不符合质量要求时进行图像处理。由于操作不当，造成扫描图像不完整或无法清晰识别时，要重新扫描。发现文件漏扫时，及时补扫并正确插入图像。发现扫描图像的排列顺序与档案原件不一致时，及时进行调整。同时，认真填写相关表单，记录质检结果和处理意见。

（2）纠偏与图像拼接

扫描操作失误而造成图像颠倒，或扫描时送纸没有完全垂直而使图像文件发生偏斜，要进行旋转还原和纠偏处理。对因大幅面档案进行分区扫描形成的多幅图像进行拼接处理，合并为一个完整的图像。

（3）去污

对图像页面中出现的影响图像质量的杂质，如黑点、黑线、黑框、黑边等，利用系统提供的专用工具进行去污处理。处理过程中应遵循"在不影响可懂度的前提下展现档案原貌"的原则。在此原则下，利用图像处理技术修复因原件保护不当而造成的明显缺失，如文件上的污痕、渍点或褐斑等。

（4）裁边处理

如果图像文件尤其是采用彩色模式扫描的图像，有黑框或多余的白边而影响美观，则要进行适当的裁切，以使图像与档案文件的实际边缘相符，并有效缩小图像文件的容量，节省存储空间。

（5）色彩调整

色彩调整仅在必要时采用，其旨在使录入的图像更符合原档案图文的色彩，或在不影响原真性的前提下对图文色彩的失真进行校正。色彩调整较复杂，包括各颜色通道的色阶上下限调整、色调变化调整、各色调区域的色调平衡调整、色相调整、对比度调整等各种手段。

4.图像存储

档案文件经过扫描和图像处理后必须以一定的方式存储，这一环节的主要任务是合理选择图像文件的存储格式和有效标识存储图像文件。

（1）存储格式

纸质档案数字化后将形成成千上万幅图像文件，数据量巨大，因此图像压缩十分必要。图像压缩是在保证图像质量的前提下，通过某种数学运算方法将图像的数据量降到最小，分无损压缩和有损压缩两种。无损压缩不破坏原有图像信息，压缩后图像可通过相应的恢复算法精确复原；有损压缩则在可接受的图像质量条件下对图像进行不可复原性压缩。有损压缩比无损压缩有更高的压缩比，因而压缩后的图像数据量更小，更适宜网上传输。

（2）分层设定图像文件格式

图书情报界在数字资源存储规范方面已经做了大量工作，对数字资源的文件格式选择提出了标准性、可操作性、前瞻性等要求，这些要求具有积极意义，档案界也应当与图书情报界携手合作，提出适用于多方的共享标准。就数字化文献的文件格式而言，图书情报界的建议是要根据数字图像的应用目的和应用环境，将其应用分为三个层次：存储层、网络层、索引层，分层设定数字化图像的格式规范。

（3）图像文件的命名

纸质档案目录数据库中的每一份文件都有一个与之相对应的唯一档号，以该档号为这份文件扫描后的图像文件命名。多页文件可采用该档号建立相应的文件夹，按页码顺序对图像文件命名。

5.目录建库

目录数据库建设工作与档案数字化工作密切关联，在很多情况下两者是同步进行的。目录数据库的质量关系到数字化资源的利用与管理效率，因此在数字化流程中目录建库及其质量核查被作为独立环节，提出了严格要求。录入数据的质量要采用人工校对或软件自动校对的方式进行检查，对著录项目是否完整，著录内容是否规范、准确等要进行严格的审查。

6.数据挂接

（1）数据关联

以纸质档案目录数据库为依据，将每一份纸质档案扫描所得的一个或多个图像存储为一份图像文件。将图像文件存储到相应文件夹时，认真核查每一份图像文件的名称与档案目录数据库中该份文件的档号是否相同，图像文件的页数与档案目录数据库中该份文件的页数是否一致，图像文件的总数与档案目录数据库中文件的总数是否相同等。通过每一份图像文件的文件名与档案目录数据库中该份文件的档号的一致性和唯一性，建立起相对应的关联关系，为实现档案目录数据库与图像文件的批量挂接提供条件。

（2）交接登记

填写纸质档案数字化转换过程交接登记表单，记录数据关联后的页数，核对每一份文件关联后的页数与档案整理、扫描时填写的页数是否一致，不一致时应注明具体原因和处理办法。

（3）汇总挂接

档案数字化转换过程中形成的目录数据库与图像数据，经过质检环节确认为合格后，应通过网络及时加载到数据服务器端汇总，通过编制程序或借助相应软件，实现目录数据对相关联的数字图像的自动搜索、加入对应的电子地址信息等，实现批量、快速挂接。

7.数据验收

数据验收是档案数字化质量控制的重要环节。要以抽检的方式检查已完成数字化转换的所有数据，包括目录数据库、图像文件及数据挂接的总体质量。一个全宗的档案，数据验收时抽检的比率不低于 5%。目录数据库与图像文件挂接错误，或目录数据库与图像文件出现不完整、不清晰、有错误等质量问题时，抽检标记为不合格。一个全宗的档案数字化转换质量抽检的合格率必须达到95%以上方为验收"通过",其中合格率为抽检合格的文件数占抽检文件总数的比例。

8.数据备份

经验收合格的完整数据要及时进行备份。为保证数据安全,备份载体的选择应多样化,可采用在线、离线相结合的方式实现多套备份并异地保存。备份数据也要进行检验,检验的内容包括备份数据能否打开、数据信息是否完整、文件数量是否准确等。数据备份后应在相应的备份介质上做好标签,以便查找和管理。数据备份还要填写纸质档案数字化备份管理登记表单。

9.成果管理

对数字化档案数据的保管与利用要加强管理,以确保其安全完整和长期可用。档案数字化成果在提供网上检索利用时要制作单位的电子标识,并根据具体情况分别采用可下载或不可下载的数据格式。

二、纸质档案数字化系统的基本结构

(一)扫描仪

1.扫描仪的种类

扫描仪按扫描原理分为平面扫描仪和滚筒式扫描仪两大类。平面扫描仪使用 CCD(Charge-coupled Device,感光耦合组件),一般用于普通幅面档案的扫描;滚筒式扫描仪使用光电倍增管,性能高于 CCD 类扫描仪,因此多用于大幅面图文的扫描,特别是大幅面工程图纸。扫描仪还有单面扫描和双面扫描两种。双面扫描仪一次扫描可以同时完成对文件正反两面内容的扫描。档案馆应视实际需要决定是否配置双面扫描仪。

2.扫描速度

扫描速度指标对档案馆颇为重要,因为档案馆藏数量庞大,高速扫描有利于提高工作效率,缩短档案数字化的时间。扫描仪按扫描速度可分为低速平台扫描仪和中、高速自动进纸扫描仪。高速自动进纸扫描仪处理速度可达每分钟几十至几百张,缺点是无法处理大幅面的档案文件,对档案纸张质量的要求较高,纸张状况较差时容易损坏档案原件。

3.扫描仪的光学分辨率

分辨率是表示扫描仪精度的重要指标，反映扫描仪对图像细节的表现能力，用每英寸长度上扫描图像所含像素点的个数用 DPI（Dots Per Inch，每英寸点数）来表示。扫描仪分辨率有两种：光学分辨率和插值分辨率。光学分辨率是扫描仪的实际分辨率，是决定图像清晰度和锐利度的关键指标；插值分辨率则是通过软件运算的方式来提高分辨率而得到的数值，又称作软件增强的分辨率。

4.色彩位数

扫描仪色彩位数越高，所能反映的色彩越丰富，扫描出的图像也越真实。目前，30、36、42 位色彩的扫描仪开始成为市场上的主流产品。扫描仪的色彩位数并非越高越好，过高的色彩位数不但提高了扫描仪的价格，而且所形成的文件将占用很大的硬盘空间，所需的扫描时间也会增加不少。普通档案扫描使用 30 位色彩的扫描仪已经足够。

5.动态密度范围

动态密度范围表示扫描仪所能探测到的最淡颜色和最深颜色间的差值。范围越宽表示扫描仪可捕获到的可视细节越多，再现色彩细微变化的能力越强。普通平板扫描仪的密度范围在 2.4～3.5，能够满足普通文档数字化的要求。对用于扫描工程图纸的滚筒式扫描仪，动态密度范围要求较高，一般的滚筒扫描仪密度范围大于 3.5，因而能够分辨出图像细微的层次变化。

6.扫描仪接口方式

接口指扫描仪与电脑的连接方式，常见的有 EPP 接口（Enhanced Parallel Port）、USB 接口（Universal Serial Bus，通用串行总线）、iSCSI（Internet Small Computer System Interface，小型计算机系统接口）和 IEEE1394 接口（火线接口）。EPP 接口即打印机端口，其最大特点是方便，对计算机要求低，且现在的加强 EPP 接口和 iSCSI、USB 接口的速度已经很接近，但扫描质量较差。USB 接口速度较快，安装方便，可以带电拔插，但对主板质量要求高。

7.随机软件、资料

扫描仪的功能要通过相应的软件来实现，除驱动程序和扫描操作界面以外，几乎每一款扫描仪都会随机赠送一些图像编辑、OCR 文字识别等软件。不同扫描仪配供软件不一，选购扫描仪时要关注配套软件的品种及其说明材料。

（二）计算机

计算机是档案数字化的基本工具。整个数字化系统需要一台服务器来管理运行，对服务器的性能要求较高，必须有较大的存储容量和较快的运行速度，具体配置因数字化系统的规模而异，可购置专用服务器，也可使用高配置的计算机来替代。理想配置为双中央处理器、大容量内存、热插式硬盘驱动器 SCSI 硬盘（Small Computer System Interface）和集成 RAID 控制器（RAID controller）等。

（三）信息存储设备

大量档案图文信息的存储离不开海量存储技术。数字化后档案信息的存储有在线、近线和离线三种方式，分别适用于网络共享数据备份等不同情形。存储介质有磁带、磁盘、光盘等，存储设备有磁带机、磁带库、硬磁盘机、光盘库、光盘塔、光盘阵列等。

三、纸质档案数字化系统

（一）软件配置

纸质档案数字化系统需要用到的软件有两类：系统软件和应用软件。系统软件包括操作系统、数据库管理系统等平台；应用软件是在上述软硬件平台的基础上实现数字化流程的文档扫描图像处理和数据存储等软件程序。这些软件程序可以从市场上购置，或者随硬件设备配送获得，对大批量纸质档案的数字化处理而言，仅仅依靠上述分散的、专用的工具软件是不够的，必须采取系统集成方式，将整个数字化流程集合为一个统一的制作、加工系统，开发出专用的"纸张档案数字化制作软件系统"，以实现档案数字化加工的"流水线"制作和"规模化"管理。

（二）基本要求

纸质档案数字化制作系统是一套批量加工纸质档案的数字化制作管理集成软件。针对不同规模的制作环境开发不同的版本；适用不同类型的纸张，兼容各种档次的扫描设备；提供高效的扫描录入和图像处理功能；提供完善的质量保障和工序流程管理，实现标准化和规范化的生产；采用先进的软件开发技术和开发工具；基于大型数据库管理系统，网络版系统采用 C/S（Client-Server，服务器—客户机）和 B/S（Browser/Server，浏览器/服务器模式）相结合的结构；客户端浏览器支持大多数标准图像及文本格式，合法用户通过系统的认证可以由此访问服务器，调出数据和图像，浏览器可以对图像进行放大、缩小、旋转、反色、自动播放等操作，尽可能采用多线程技术，以实现图像的边下载边浏览，缩短等待图像的时间，提高工作效率；采用多层安全防护，充分利用大型数据库管理系统的安全防护机制，对任何数据操作都可以在后台进行监控，阻止非法用户破坏数据系统。

（三）纸质档案数字化制作软件系统的功能模块

1.认证注册子系统

鉴于档案数字化工作的特殊性，并考虑到多台电脑同时工作时的跟踪管理，网络版的档案数字化制作系统应采取科学的加密认证措施，具有网络注册认证功能，以保证只有合法用户才能登录并合理使用系统资源。

2.原文扫描子系统

原文扫描是系统最主要的功能。系统带有扫描仪、数字照相机接口，可以直接获取来自外部的数据信息。通常系统能够支持基于 TWAIN（Technology Without An Interesting Name）的各种扫描仪。

3.图像编辑子系统

图像编辑子系统的主要功能是实现对图像的各种处理。在多机操作环境下，系统应支持对网络服务器文件的处理，同时标记已处理过的标识，以便分工协作。完整的图像编辑子系统包括多种功能：支持常用的几何作图，如画矩形、直线等；支持添加文字注释；支持剪切、复制、粘贴图像的局部；支持图像形态学运算、几何运算、点运算等多种图像的特殊效果操作；支持任意角度的旋转、纠偏、去黑边、自动去污等；支持不同颜色的图像相互转换；支持不同格式的图像相互转换；支持图像颜色的局部处理；支持OCR。

4.消蓝去污子系统

消蓝去污子系统通过调节图像背景颜色和亮度来提高图像质量，达到"还旧如新"的效果，俗称"消蓝去污"，主要用于处理一些因年代久远或保管不善而在档案表面出现发黄、变旧、生霉、水渍的老档案。消蓝去污子系统的功能要求：支持图像的局部处理，使图像局部效果增强；可以实现将模糊的档案原件图像调整为字迹明显、基本无污点的理想效果；可以还原关闭保存当前文件之前的一切修改；经过处理后的图像文件具有高压缩比。

5.图像拼接子系统

受到扫描设备幅面的限制，一些小型扫描设备不能直接处理大幅面的档案原件。因此，需要采取局部扫描、后续拼接的处理工艺。图像拼接子系统的主要功能就是能实现左右拼接、上下拼接和连续拼接等。

6.档案查询子系统

档案查询子系统即浏览器，用于实现数字档案的快速查询与图像浏览。该子系统可按这些结构设计：左视图采用树形结构显示查询结果的目录树，便于快速定位，并获知相关级属关系；右视图采用显示控件显示查询结果的指定页，并采用多线程设计，以实现即时下载显示。左视图可以显示隐藏；右视图中显示的图像支持缩放、旋转、全屏显示、翻页等功能，并可以根据用户权限决定是否允许打印或保存到本地。

第三节 照片和音频档案的数字化管理

一、照片档案的数字化

（一）照片档案数字化对象的选择

完整的照片档案包括底片、相片和文字说明三部分，其中相片是由底片冲印得到的"复制件"。照片档案的数字化究竟选择底片还是一般相片作为扫描对象，需要进行研究。

1.底片

采用底片作为扫描母版，图像效果较好。底片是银盐胶片，图像分辨率和密度要比相片高很多,耐久性和稳定性也比相片好,以其作母版扫描出来的图像色彩及细节的保真度高。缺点是对扫描设备的要求比较高,必须使用专门的底片扫描仪或者在常规扫描仪上加装透扫适配器。

2.相片

用相片作为扫描母版,图像效果要次于用底片作母版。相片本身是底片的"复制件",在冲洗过程中通常会因为控制不当而出现色彩失真或偏色等问题;在长时间保存后,相片还会因为化学作用而发黄、变色,尤其是彩色相片,用这样的相片作扫描母版,在颜色、亮度、饱和度等方面可能会有很大失真。

(二)照片档案数字化方式与分辨率

1.照片档案的数字化方式

可以采取用扫描仪扫描输入和用高档数码相机对其进行翻拍录入两种模式。扫描输入是照片档案数字化最通用的方法,所需设备简单,操作过程也比较简便,并适用于各类照片档案的数字化处理。翻拍录入过程虽然比较快捷,但要配置辅助照明设施,拍摄过程中对变焦、曝光等的调控要求较高,拍摄难度比想象中的大。由于普通数码相机在光学成像过程中会产生像差,因此需要使用中高档数码相机,中高档数码相机镜头一般都配有较大值光圈、变焦镜头、高分辨率 CCD 等,可以保证高质量的拍摄效果。

2.照片扫描分辨率

照片档案记录的是图像而不是文字,分辨率的高低对其质量的影响更为敏感。理论上说,分辨率越高,扫描图像越清晰,存储空间越大,扫描所需时间也越长。但当扫描分辨率高于一定阈值后,照片质量不会有明显提升,反而陡增存储空间,延长扫描时间。因此,在设定扫描分辨率时,要在分辨率与图像大小之间认真权衡,区分是底片扫描还是相片扫描,综合考虑被扫描照片的尺寸、原照片的图像质量和利用性质及其还原输出要求等因素,在实际测试的基础上,具体确定每一批照片扫描的最佳分辨率。

(三)照片档案数字化的前与后

1.照片档案数字化前的处理

底片乳剂层中含有明胶,明胶在长期遭受温度、湿度和空气氧化作用后,会产生霉斑、皱纹、粘连、褪色等现象。相片、底片保管不当也会沾上污垢、斑点、手印等。扫描后的霉斑会在图像上产生白点，破坏数字影像的质量，而采用图像处理技术并不容易清理干净。因此，最好的办法是在扫描之前对底片、相片上的霉点、斑渍等做适当清理。当然，处理方法必须正确、恰当，避免进一步损毁照片。

2.照片档案数字化后的处理

照片档案在数字化过程中不可避免地产生一些"噪声"干扰，造成形与色方面的失真。为此，需要通过照片档案数字化系统中的图像处理功能，或者专门的图像处理软件来对数字化后的照片图像进行处理，但这种处理必须立足于"尽量恢复其本来面貌"的宗旨，不可随意行事。

事实上，现有的图像处理软件功能十分强大，可以随心所欲地改变数字图像的外观形态。但是照片档案与一般的纸质档案是不同的，其侧重的就是图形和色彩，而不是文字符号所表达的意思。因此，对数字化后的照片档案进行图像处理，极有可能破坏原作品本来的构图、格调或韵味，使照片档案失去其原始性。

一般来说，照片档案图像处理的内容局限于三项：旋正，将颠倒或歪斜的图像调整到正直位置；裁白，将扫描图像中原照片以外的空白区域切除；去污，将扫描过程中产生的黑白点和瑕疵去除、修整。

（四）数字化照片档案的保管

作为母版保存的照片档案图像，一般选择 JPEG 格式保存，重要的、保真度要求更高的档案可以选择无损压缩的 TIF 保存，但同一图像的 TIF 文件将比 JPEG 文件大很多。

数字化照片档案可以用不同的文件格式刻录到多套光盘上，异地保存，同时存储在服务器上提供在线利用。为便于照片档案的有效利用，应建立照片档案专题数据库。照片档案著录项目及其专题数据库结构，应尽可能遵循档案著录标引规则和相关的数据库结构规范，著录项目可选择全宗号、归档年度、保管期限、分类号、照片张号、照片题名、责任者、形成时间、摄影者、照片原文、主题词、整理人、密级、参见号、存放位置、组卷标识、归档日期、备注等。

二、音频档案的数字化

音频档案是以声音为信息表达方式的档案材料。在档案库房中，领导讲话、文艺演出、座谈、采访和会议录音等都是馆藏的重要内容。传统的音频档案主要以唱片、录音带作为记录载体，数字化后的音频档案则记录在磁盘、磁带、光盘等介质上。这里之所以以"音频"代替"录音"，是为了与数字技术中的专业术语相一致。

（一）音频档案数字化的现实意义

1.网络共享呼唤数字化音频档案

随着宽带网技术的飞速发展和音频压缩技术的成熟，数字音频广播、数字音频工作站、网络自动化播出系统等由概念变成现实，必然会用到珍贵的档案资源，因此需要对大量音频档案进行数字化。

2.传统音频档案亟待通过数字化加以保护

使用录音带保存音频档案，即使严格遵守磁介质档案的保存原则，在长期保管和反复利用过程中，磁粉也会有不同程度的脱落，造成磁性衰减、退化，甚至出现磁带粘连、霉变的现象。为此，每隔10年需要进行一次音频档案复制，由于使用的是模拟记录方式，这会使音频档案的信息损失10%左右，复制后会出现失真，这种失真将随着复制次数的增加而倍增，最终导致音频档案因噪声过大而无法播放。数字化技术能够缓解这一难题，采用数字化方式复制后，声音信号转化为二进制数字，由于存在校验机制，保证了音频档案的原真性。理论上说无论复制多少次，也无论利用多么频繁，声音都与原先完全一样。

3.音频档案数字化带来的实际效果更好

档案馆藏中，音频档案由于其形象生动始终拥有较高的利用率。尤其是与文化生活相关的音频档案，这些为群众喜闻乐见的声像档案经数字化后通过网络广泛流传，对充分发挥档案价值、提高公众档案意识、增强档案馆的社会性，无疑具有更为积极的现实效果。

4.音频档案数字化所需投入较低

音频档案的数字化无须购置昂贵的高速扫描仪、配备高档的数码摄录设备。在数字化数量有限的情况下，硬件方面只需配置一张高质量的声卡，软件方面则有众多免费的编码、播放和转换软件供选择使用，所需投资极小。

5.音频档案数字化的技术实现相对简单

音频档案的数字化不存在太大的技术障碍，信息技术界已开发出各具特色、各有所用的音频格式，各种格式的转换软件比比皆是。对档案界来讲，通常需要考虑的是对某种音频档案宜选用何种音频格式，选择哪款转换软件。只在数字化规模较大而软件开发力量又可行的情况下，需考虑自行开发更为适用的音频档案采集、转换系统。

（二）音频档案数字化的原理

1.模拟电平信号对原始声音的保真度

由原始声音到模拟电平信号转换是由收音设备来完成的，收音设备的性能决定着模拟电平信号对原始声音的保真程度。对需要数字化的音频档案而言，数字化的对象通常是已经固化在唱片、磁带等载体上的模拟声音振动的模拟信号，这种模拟信号本身应视作"原始声音"，在相应的播放设备中转化为模拟电平信号。

2.模数转换设备的性能

模数转换设备是模拟电平信号向数字信号转变的基本硬件，模拟电平信号在送入计算机后，由其完成模数转换。在模数转换过程中会产生噪声，导致"原始声音"失真，档次高的模数转换设备信噪比较好，产生的噪声较小。为保证数字化音频档案的质量，应尽可能选用高品质的模数转换设备。此外，其他相关硬件设备，如不稳定或低品质的主板或接口卡、屏蔽不良的通信线缆等，在模数转换过程中也会对音质产生一定的干扰或影响，。

3.数字化过程中的采样频率、采样精度和声道数

模拟电平信号向数字化信号的转变是通过对模拟信号的"采样"来实现的。计算机在固定的时间间隔内对模拟电平信号的强弱进行测量，并用一组数字记录下来，以此记忆模拟电平信号的变化。采样频率、采样精度和声道数是决定数字化音频质量的三个关键指标。采样频率是指每秒钟对电平信号采样的次数。采样频率越高，数字音频信号的保真度就越高，但数据量就越大。根据音频采样定理，对于随时间连续变化的模拟信号波形，只要采样频率高于信号中最高频率的 2 倍，即可从采样所得信号恢复出原始信号的波形。虽然数字化音频的质量可以通过选择较高的采样频率、采样精度和声道数得到提高，但数字化音频文件所需的庞大存储容量，通常使档案专家需要在音频档案保真度要求和存储容量限制之间做出折中的选择。

4.文件压缩方式

文件压缩方式是决定音频档案保真度的另一关键因素。通过模数转换获得的数字信号需要选择一定的方式存储。因为数字化音频文件过于庞大，所以在存储之前，通常采用某种方法对其进行压缩，从而形成不同格式的音频文件。同一音源的不同存储格式，存储容量相差极大，音色的保真度也有较大区别。档案专家必须根据被数字化音频档案的不同要求做出合理选择。

（三）音频档案数字化的软硬件设备

1.传统放音设备

根据拟数字化音频档案的规格、型号配置相应的放音设备，如电唱机、开盘式放音机、钢丝带放音机、盒带录音机等。放音设备必须能将声音源以电平信号的方式输出，若原设备不具有音频输出插孔，应进行改装。

2.模数转换设备

模数转换设备是音频档案数字化的核心部件，好的模数转换设备有低失真、低时延、高信噪比等特点。音频模数转换设备分为家用声卡和专业声卡两类。家用声卡价格低廉，其模数转换设备的品质较低，容易发生延迟、抖动。因此，在将模拟信号转换成数字信号后，声音效果会减弱。

3.多媒体计算机

配置高主频、大内存、大硬盘容量的高可靠性多媒体计算机。与此同时，配置至少一台对音频档案进行著录、标引，建立音频档案目录数据库的普通录入终端。

4.音频制作软件

选作音频档案数字化的音频制作软件应当具备这些功能：音频电平控制功能，这对高质量的音频文件非常重要；均衡功能，可以控制音频的音质；噪声控制功能，可以削减音频中不必要的噪声幅度；CD"抓取"和制作功能，可以直接获取CD上的所有数码信息，并且可以把制作结果备份到CD上；为高级处理准备的插件程序支持功能，可以在音频编辑系统中使用第三方软件；流媒体支持功能，可以直接从音频编辑系统中输出流媒体，而无须另外的编码器；批量处理功能，可以自动处理批量任务。

（四）音频档案数字化处理的基本步骤

1.原音带处理

被旧磁带正常播放既是音频档案数字化的前提，也是保证数字化音频质量的关键环节。旧磁带普遍存在信号强度减弱、磁粉脱落、霉变、粘连等问题。因此，在正式数字化前，要对旧磁带进行清洁、修复和必要的处理，以获得合乎要求的信号源。必要时，应将旧磁带在放音机中快速倒带一次，用清洁带对放音机磁头进行清洁。

2.音频线路连接

在关机状态下，使用音频连接线将放音机的音频输出口与计算机声卡的音频输入口相连。启动多媒体计算机，选择声音和音频设备属性中的音频选项，将录音控制设置为线路输入卡、其他选项关。打开放音机和电脑音箱，调整计算机音箱音量直到合适为止。

3.音频采集

打开音频制作软件，创建新的音频文件，选择采样频率和采样精度等参数，在按下放音机放音按钮的同时，启动音频制作软件的录音按钮，通过控制和调整制作软件显示的电平波形将音频音量控制在适宜的程度，以防止失真。

在实际工作中，对于批量音频档案的数字化，通常设计专用的音频档案数字化系统。该系统将音频制作软件作为插件嵌入其中，音频数字化的各个环节及其集成过程控制在系统平台上完成，操作者加载好磁带后启动音频档案数字化系统，设定好相应的参数，由系统按照已调整好的参数自动完成采录。在采录过程中，操作者只需监测程序的运行情况，最终核对存盘即可。

4.音频编辑

采集得到的音频文件可以使用音频制作软件进行编辑处理。主要内容包括音量调节、音调调整和噪声处理。例如，如果采集得到的音频文件音量太小，可使用 Cool Edit Pro 2.0 对波形振幅进行提升，将其调整到最佳状态；可利用 Cool Edit Pro 2.0 的图形均衡器对音频文件进行高低音均衡调节，使声音文件听起来更加逼真；可使用 Cool Edit Pro 2.0 的降噪功能去除音频文件中的各种杂音。

5.音频存储

编辑处理的数字音频信号应选择合理的音频文件格式，以适当的方式存储到计算机中。

6.后期工作

原音带处理、音频线路连接、音频采集、音频编辑和音频存储过程只是将录音带本身进行了数字化。在某些情况下，音频档案所对应的声音内容还需要以文本方式输入计算机，以便对音频文件实现"全文"检索。每份音频档案原则上对应一份文本文件，该文本文件与音频档案拥有相同的文件名，但扩展名不同。

数字化后的音频文件及其对应的文本文件，必须通过建立规范化的音频档案目录数据库或专题目录库来实现有效利用。音频档案数据库除包括一般档案数据库设定的著录项目外，还要包括音频文件存储路径、其对应文本文件的存储路径、原录日期、数字化日期、数字化责任人等内容，并通过数据库的地址链接方式，将数字化音频文件与其对应的文本文件联系起来。后期工作还包括根据不同的利用需求对音频文件进行格式转换。为保证数字化音频文件的安全，通常要将音频文件、对应的文本文件、目录数据库以及音频制作软件等一起刻录到光盘上，并一式多套、异地保存。

（五）音频档案数字化的文件格式选择

1.音频文件的类型

（1）无损压缩格式和有损压缩格式

数字音频文件可按压缩方式分为无损压缩和有损压缩两大类。无损压缩格式在对声音信号进行压缩时没有任何信息损失，真正的无损压缩音频文件是能直接用播放软件播放的，并且不同无损压缩格式之间可相互转换而不丢失任何数据。无损压缩的缺点是压缩率小，为60%左右，缺乏支持硬件。与无损压缩相对的是有损压缩格式。为了减少音频文件的存储容量，便于在计算机或网络上存储和传输，音频文件更多采用有损压缩格式。有损压缩的声音品质存在不可挽回的损失。

（2）普通音频文件和流式音频文件

音频文件按网上传输方式分为普通音频文件和流式音频文件两大类。普通音频文件如果在网络中利用，需将其全部下载完后才可以播放。流式音频文件是针对网络应用而出现的音频文件格式，又称流媒体格式。流式音频文件是将音频多媒体文件经过特定压缩处理后,放在网络服务器上进行分段传输,档案利用者不需要将整个文件下载到本地,可以采用边下载边收听的传输方式。在现有网络带宽的限制下,为了达到网上流式传播的目的,音频文件需经过专门的压缩处理,以缩减文件的大小,但压缩后的音频文件品质能被人们所接受。

2.音频文件格式的选择

理论上,除 MIDI(Musical Instrument Digital Interface,乐器数字接口)外,所有格式都可以成为音频档案数字化的存储格式。音频文件格式的选择关系到整个数字化工作的成效,格式一经选定不宜变动。因此,在选择前必须进行充分的论证,乃至必要的试验。作出选择时至少应注意以下六点:

(1)在存储空间与保真度之间取得平衡

就追求保真度而言,当然应选择无损压缩格式,选取高采样频率和高采样精度。然而,无损压缩占用的空间是有损压缩的数十倍,若设定高采样频率和高采样精度,空间占用量更是惊人。事实上,无论采取何种存储模式,失真总是存在的,区别只是失真度的大小而已。对大批量音频档案的数字化,存储空间受到现实条件的限制。为此,在追求最小失真时必须考虑存储空间问题,在存储空间与保真度之间取得平衡,将音频失真度控制在档案管理所允许的范围内。

(2)区分音频数字化的目的

如果数字化是出于保存的目的,数字化后的音频文件将用来替代原录音带或唱片永久或长期保存(原录音带或唱片因技术或物理原因将在被数字化后逐步销毁),在选择音频格式时,对保真度的要求相对较高。

如果数字化是出于利用的目的,数字化后的音频文件只是用作原录音带或唱片网上、网下利用的替代品,则所选的文件格式只要满足档案利用者的利用需求即可。

(3)区别数字化对象的性质

被数字化的音频档案有两种类型:音乐歌曲和言语声音。前者对音质的保真度要求高于后者。在具体选择时,要根据档案利用者是专业音乐人士还是普通社会公众来设定采样率、压缩比等可变参数。话音的保真度要求不如乐曲,因此,在选择上述格式时,可设定相对较低的采样率、采样精度和较高的压缩比,特殊情况除外。

(4)注重所选格式

在通行、标准化程度无损压缩中,CD 是最流行的格式,并已成为国际标准。有损压缩中,MP3 是目前最为流行的音频格式,WMA(Windows Media Audio,微软音频格式）则由于微软公司对其技术上的支持，而可能成为未来的主流音频格式。

（5）调查所选格式是否有较强的软件支撑和技术支持

每一种音频格式都需要相应的编码软件和播放软件，并且需要具备对其他各种主流格式的转换工具。为此，在选择前，应对各种音频格式进行充分的市场调研和技术摸底，了解清楚其相关可用软件的类型、来源，并对各种音频格式的情况进行细致的分析对比。强有力的软件支撑和技术支持是选择数字化档案音频格式的重要决定因素。

（6）考虑音频档案的利用形式

数字化后的音频档案大多通过网络提供利用，在纯粹为此种方式而数字化的情况下，流媒体格式是必然的选择。在非纯粹网上利用的情况下，更适宜选择既适合网上传输，又有较好音质的 MP3、WMA 等格式。总之，音频格式的选择是一个受制于多种因素的综合性决定，不同数字化背景下的选择可能不同。

第四节 视频档案的数字化管理

一、视频档案的数字化

采用模拟手段制作的传统录像带类型众多，与录音带一样，录像带经过长时间的存放和利用，磁介质会发生退变、老化，信号逐步衰减，影像质量越来越差，甚至无法正常播放。与此同时，传统的录像系统和放像设备正逐渐淡出历史，能够正常使用的越来越少，存放在录像带上的珍贵视频资料将面临永久丢失的危险。因此，将馆藏视频档案资料数字化，转换成可存储于任何数字媒体的计算机视频文件，是安全保管和有效利用这些重要档案的唯一出路。

（一）视频档案数字化的记录原理

1.视频档案数字化的信号

传统录像带中所录制的视频信息为模拟信号，若要在数码设备上存储和播放，必须将模拟的视频信号通过模数转换技术，转变为计算机能够识别的二进制数字视频信号，这一过程就是视频档案的数字化。

无论是录像带还是计算机视频文件，其动态视频均由一系列单个的静止画面组成，这些静止的画面通常被称为帧，连续播放帧便形成了视频。为了保证人的肉眼感觉不到视频画面的跳动和闪烁，一般每秒钟要传送 24～30 帧图像。不同制式的模拟视频标准对每秒钟包含的帧数及每帧静止图像扫描显示的行线数有不同规定。

视频档案的数字化过程远比音频档案的数字化过程复杂，但基本原理是一致的，都要经过数字化采样、量化、压缩和编码等过程。视频档案的数字化要同时采集视频图像信号和视频中的音频信号。其中，视频图像捕获的信号以帧为单位，一帧图像可以简单地看作是由 M 行 N 列的像素点阵构成的，采集设备依次对各像素点进行采样、量化与编码。

2.数字信号

（1）主观概率和参数

视频档案数字化采集时涉及的主要概念和参数有所用的色彩空间；采样频率，各个色彩分量的采样频率与模拟视频信号的帧频、行线数、分辨率、图幅宽高比等有关；采样精度，即每个分量采样时的色彩位数；所采用的压缩标准。

（2）视频数据的处理

采集得到的未经处理的数字信号，在经过"打包"插入各种校验码后，即可作为有用的信号数码流进行相关处理。但是这些未经处理的数字信号数据量巨大，不加压缩而直接存储是不现实的。解决该问题的方法是对视频数据进行编码压缩。通过删除相邻的相同信息，并充分利用人眼的视觉特性去除大量冗余信息，可以在保证视频质量没有明显降低的前提下降低码率，将数字视频的数据量降低到原来的几十分之一甚至几百分之一。20 世纪 90 年代以后，数字视频的压缩在各个领域迅速普及，各种压缩标准相继问世，基于不同压缩标准的视频文件格式形形色色、各领风骚。国际上现有的视音频压缩编码标准主要有两大系列：国际电信联盟制定的 H.26x 系列标准和国际标准化组织和国际电工委员会制定的 MPEG 系列标准。H.26x 系列标准主要用于可视电话、会议电视等较低清晰度的视频压缩。

（二）视频档案数字化软硬件的配置

1.视频档案数字化系统的组成

提供模拟视频信号输出的放像设备，如与录像带配套的录像机、放像机等；对模拟视频信号进行采集、量化、编码的视频采集设备，通常由视频采集卡来完成；对数字视频进行编辑的编辑系统（软件）；视频档案的存储设备或存储系统。

在对录像带数字化之前要准备好相应的放像设备，保证放像设备能够正常工作。数字化音频的质量取决于录像带的播放质量。制作、播放录像带的录像、放像设备类型众多，但随着数码技术的发展，数字式摄录设备盛行，传统的录像机、放像机很快淡出市场，现在已很少见，而有幸存留下来的设备，其物理状态也不容乐观，许多已无法正常播放。但是，这些放像设备却是播放相应录像带的必要工具，一旦缺失，对应的录像带便可能永久失读。

2.视频采集设备

视频采集设备由高配置的多媒体计算机的内置或外置的视频采集压缩卡组成。动态视频的数据量非常大，对计算机的速度要求很高。目前，市场上的主流计算机已基本可以满足要求。视频采集压缩卡简称视频卡，负责对送入计算机内的模拟视频信号进行采样、量化和压缩编码，是整个视频档案数字化系统的核心部件，其性能好坏对视频档案的质量起着关键性作用，因此必须谨慎选择。现有的视频采集卡大致分为三个档次：

（1）低档视频采集卡

低档视频采集卡不是真正意义上的采集卡，而只是一个类似视频转换器的产品，如具有初级视频采集功能的电视盒或者有电视输入和采集功能的计算机显卡，其功能是将电视的模拟信号进行转换，再输入计算机，成为计算机可以识别的数字信号，然后在计算机中利用软件进行视频采集。低档视频采集卡的缺点是不能进行硬件级的处理，包括压缩编辑等，其分辨率较低，保存的文件类型少，功能相对单一，主要适用于在计算机上看电视和做简单的视频采集。

（2）中档视频采集压缩卡

中档视频采集压缩卡即通常所说的视频采集卡，它能将电视机或者录像机的模拟视频信号转入计算机。中档视频采集压缩卡种类较多、性能较好，搭配的软件较为专业、丰富，进一步可划分为视音频分离采集压缩卡和视音频整合采集压缩卡两种。视音频分离采集压缩卡为节省成本而省略了音频的采集部分，因此对计算机，尤其是计算机声卡的要求比视音频整合采集压缩卡的要求高，如果计算机声卡较差，就可能出现采集时声音信号和视频信号不同步的现象。视音频整合采集压缩卡较视音频分离采集压缩卡高档，它在视频卡中加入了音频采集部分，因而能明显提高视频采集效果。

（3）高档视频采集压缩卡

高档视频采集压缩卡是 MPEG 采集压缩卡的高端产品，可以采集来自任何视频源的视频和音频，制作包括 VCD（Video Compact Disc，影音光盘）、SVCD（Super Video CD）、DVD（Digital Video Disc，数字通用光盘）和广播电视在内的各种数字视频传播工具。高档视频采集压缩卡提供的是纯硬件级压缩，多数附带价格高昂的专业多媒体制作软件。

在挑选适用于视频档案数字化的视频采集卡时，要仔细比较各种采集卡的性能、价格，对几项参数应予以特别关注：是否支持视频数据的硬件级处理，这类卡采用硬件完成压缩过程，既节省了时间，又节约了空间，而且硬件压缩后的图像质量较好；是否有较高的帧速率，帧速率的高低直接影响采集卡制作的视频文件能否流畅；是否带音频输入功能，如果视频卡仅能采集图像信号，音频信号必须通过声卡来传输录制，则将增大对计算机资源的占用率，并容易造成视频与音频信号的不同步，建议采用视音频整合采集压缩卡；是否附赠 VCD 制作软件。

3.视频采集、编辑系统

音频档案的采集、转换和编辑除了需要视频采集卡外，还需要借助视频采集软件和视频编辑系统来实现。一般在购买视频采集卡时会附带视频采集软件。通过视频采集软件，在实现视频档案的数字化采集之前，可以设定所需生成的视频文件格式，设置视频文件的各项参数，如调节视频信息的亮度、视频取样标准，以确保采集信号的质量。

视频采集卡配套提供的视频采集软件功能相对简单，通常无法对视频信息进行复杂的编辑和转换。因此，对采集后的视频信息，在必要的情况下，可以使用专门的视频编辑软件甚至功能强大的非线性视频编辑系统进行编辑处理。视频编辑与文本编辑类似，是将采集好的视频素材进行二次加工，如插入、剪切、复制、粘贴、拼接视频片段等，还包括字母、图形乃至不同视频、音频的叠加、合成等。上述处理，在不破坏原真性的前提下，可以使视频档案更加清晰、美观和生动，并对视频内容进行适当的引导、指示和标注。

非线性视频编辑系统实际上是由视频编辑软件、高性能计算机、视音频卡和大容量 SCSI 硬盘阵列组成的集成系统，而不仅仅指编辑软件。非编系统功能强大，因此价格昂贵，动辄几十万元甚至上百万元，主要为广播电视级的视音频编辑所用。视频档案的数字化并不追求华丽的电影效果和很专业的影视编辑手法，只需对视频档案进行最简单的编辑处理。因此，除广播电视等少数专业系统的档案部门外，一般档案馆、档案室无须配置非编系统。

4.视频存储设备

数字化视频档案的离线或近线存储可选介质较多，刻录机的倍速和磁带机的数据阅读速度要尽可能高。联机存储情况下，对存储容量和读取速度的要求更高，因此硬盘容量要大，目前速度至少要7200转。在网络共享环境下，最好配置磁盘阵列。

二、视频档案数字化的步骤与格式

（一）基本步骤

1.原像带处理

该步骤与音频档案数字化类似。从库房中取出拟数字化的录像带，检查磁带的完整性及信号的质量并进行相应的记录，必要时对原像带进行修复和倒带处理，以获得符合要求的信号源。

2.设备准备和连接

数字化前先要准备好相关的软硬件设备。具体配置要视拟数字化视频的实际情况而定。配置好设备后，采取正确的方法连接。

3.视频采集

线路正确连接、放像设备正常工作后，打开视频卡所带的采集软件，运行采集程序，并监控计算机上播放的视频质量。在正式采集之前，要做一系列的参数设置和调整工作：视频源设置，选择输入的视频端口，端口设置必须与实际连接方式相一致；视频制式设置，使视频采集卡能自动检测和接收不同制式的视频信号；视频格式设置，依据源视频质量情况和原来录制水平；视频码流设置，确定视频的传输速度；图像大小设置，设定采集图像的分辨率等；工作目录设置，设定采集后视频文件的存储路径。

参数设置后预览采集的信号，如果不理想则修改参数，优化采集环境，直到满意为止。此后，便可正式进行视频信号的采集。在采集过程中，要对图像的播放质量进行严格监控。

4.视频编辑和格式转换

采集后的视频文件可以根据需要，使用视频编辑软件或非线性编辑系统进行剪辑、编排和调整视频质量及效果，必要时根据需要进行格式转换。

5.光盘刻录

将数字化后的视频档案刻录到光盘中，刻录光盘前要先建立光盘内目录页面，以方便档案利用者浏览光盘时查找，然后把硬盘上的数字视频和光盘目录一同刻录到光盘上。检查光盘质量，打印光盘封面，并将其粘贴到光盘的盘盒上，用记号笔在光盘反面写上光盘的编号。光盘装盒后，竖直排放在卷柜中。

6.后期工作

数字化后的视频档案同样需要采用数据库的方式对其进行管理和利用。鉴于视频档案数据过于庞大，一般将视频数据与其目录数据分别存储，视频数据以文件方式存储，目录数据以数据库形式存储，以此避免因数据库过于庞大而降低对其的检索和操作速度。每一相对独立的视频片段建立一条数据库记录，每条记录中不仅包括一般的档案著录项目，还要加入视频对象的源盘名称、摄制日期、摄制地点、摄制人员或单位播放长度、源盘制式及技术参数、数字化采集人、存储路径、存储格式、存储参数、采录编辑系统或软件、内容提要等字段。每一条目录中记录着其对应视频片段的存储路径，通过存储路径建立起目录和对应视频之间的关联。

（二）视频档案数字化的文件格式选择

1.主流视频文件格式

（1）AVI

AVI（Audio Video Interleaved，音频视频交错格式）是 1992 年微软公司推出的视频文件格式，它将视频和音频交织在一起同步播放。其优点是图像质量好，独立于硬件设备，可以跨平台使用；缺点是体积过于庞大，无统一的压缩标准，用不同的压缩算法生成的 AVI 文件必须使用相应的解压缩算法才能播放出来。例如，高版本的 Windows Media Player 可能播放不了早期的 AVI 文件。AVI 有较大的市场拥护度，目前主要应用在多媒体光盘、电影、电视等各种影像信息的保存上。AVI 也是我国电子文件管理国家标准认可的视频文件归档格式之一。

（2）MPEG

MPEG 压缩标准是运动图像压缩算法的国际标准，采用有损压缩方法减少运动图像中的冗余信息，同时保证图像的显示质量。MPEG 也是我国电子文件管理国家标准认可的视频文件归档格式。MPEG-1 制定于 1992 年，用于传输速率为 1.5Mbps 的运动图像及其伴音编码。VCD 采用的就是 MPEG-1 压缩编码标准。MPEG-1 格式的图像质量优于 VHS 录像机，音频质量接近 CD，经过 MPEG-1 压缩后，视频数据压缩比可达 100∶1 至 200∶1，音频压缩比可达 6.5∶1，一部时长 120min 的电影可以压缩到 1.2GB 左右。

MPEG-2 制定于 1994 年，用于传输速率为 4～10Mbps 的高清晰度视频信号，与 MPEG-1 兼容。DVD、SVCD 采用的就是 MPEG-2 压缩标准。MPEG-2 最大的优点是影像清晰，采用 MPEG-2 压缩算法可以把一部时长 120min 的电影压缩到 4～8GB。因此，适合用来存储对保真度要求很高的珍贵影像资料。

MPEG-4 制定于 1998 年，是为了网络播放而设计的流式视频文件格式标准，它要求传输速率在 4800～64000Mbps 即可，追求使用最少的数据获得最佳的图像质量。MPEG-4 最大的特点是能够保存接近于 DVD 画质的小体积视频文件，具有比特率的可伸缩性、交互性和版权保护等功能，是视频传输、检索等应用领域普遍采纳的文件格式。

（3）MOV

MOV（Quick Time 封装格式）起初是由苹果公司为其 Mac 操作系统开发的图像及视频处理文件格式。MOV 具有较高的压缩比和较完美的视频清晰度，其压缩方式与 AVI 类似，但画面质量高于 AVI。MOV 几乎支持所有主流个人计算机平台，是数字媒体领域事实上的工业标准，其默认的播放器是苹果的 Quick Time Player。

（4）RM 格式

RM 格式（Real Media file format）是一种流式媒体格式，主要用来在低速率的网络上实时传输视频、音频。该格式压缩比很大，并可根据网络数据传输速率自动调整压缩比，从而实现实时传送和在线播放。其他格式的视频文件可通过 Real Server 服务器转换为 RM 格式并对外发布和播放。RM 格式是目前网络视频的主流格式。

（5）ASF

ASF（Advanced Streaming Format，高级串流格式）是微软公司为了和 Real Networks 公司竞争而推出的一种流式视频格式，可以直接使用 Windows 自带的 Windows Media Player 进行播放。它使用了 MPEG-4 压缩标准，其压缩率和图像质量非常优秀，其图像质量比同为流媒体格式的 RM 格式更好。

（6）WMV 格式

WMV（Windows Media Video）格式也是微软公司推出的一种流媒体格式，它是由 ASF 升级延伸来的，在同等视频质量下，WMV 格式的文件体积更小，非常适合在网上播放和传输。

2.视频文件格式的选择

数字化视频文件格式的选择同样需要考虑其保真性、通用性和利用的便利性等要求。从保真性角度讲，数字化采集形成的视频文件应保存为无损压缩的格式，但这是不现实的，因为不加压缩的视频文件数据量巨大，大量视频文件的累积在存储容量上将难以想象。事实上，正是压缩编码技术的飞速发展，才使视频文件的数字化存储和网络传输成为可能。因此，只能尽可能保持文件的原真性。对视频档案而言，采用有损压缩在所难免。

综合而言，MPEG 压缩标准的视频格式在各方面优于其他格式。因为 MPEG 压缩标准是一个国际化的系列标准，具有良好的兼容性和通用性，能够比其他压缩算法提供更好的压缩比，并且已经成为市场的主流。MPEG-1、MPEG-2 和 H.264/MPEG-4AVC 三种压缩标准均可作为视频数字化的文件格式标准。考虑到 MPEG-1 的通用性较强，其数字信号质量与录像带的信号质量相当，而且 MPEG-1 是制作 VCD 的必需格式，通过 MPEG-1 格式还可以将数字视频文件转换为 MPEG-2 格式来满足制作 DVD 的需要。因此，MPEG-1 可以作为视频档案数字化文件的首选格式。

大容量 DVD 的逐步使用，使以 MPEG-2 或 H.264/MPEG-4AVC 高清晰度的视频格式存档具有可行性。但是，大量视频档案由于受到制式的限制，其原始图像质量并不高，数字化后若采用过高标准的视频格式是无意义的，结果只能是增大存储容量。

在流媒体技术出现之前，视频文件的管理和利用局限于单机环境，网络利用几无可能。但随着互联网和流媒体技术的逐步推广，视频文件的网络利用已成为现实。同时，对于流式视频文件的检索，由于用户端无法直接对其进行更改，大大降低了病毒感染和黑客侵入的概率，增强了系统数据的安全性。

事实上，视频文件根据保管目的和利用环境的不同，其归档格式不应当是唯一的，在很多情况下，可能需要同时保存为脱机格式、近线格式和在线格式。

（1）脱机保存格式

为了尽量保证其原真性，脱机保存格式根据视频源的质量可选择使用 AVI、

MPEG-1、MPEG-2 和 H.264/MPEG-4AVC 等。例如，将数字化后的视频档案刻录到 VCD、SVCD、DVD 上。从技术上看，H.264/MPEG-4AVC 已胜过 MPEG-2，有可能成为今后高清晰视频的主流标准。

（2）近线保存格式

近线保存格式介于在线格式和离线格式之间，主要存放不经常被访问的视频档案，如果有用户访问，则调入在线服务器供用户利用。MPEG-1、MPEG-2 和 H.264/MPEG-4AVC 均可作为近线视频文件格式。随着视频文件的不断增加，近线也可考虑采用流式视频文件。

（3）在线存储格式

在线存储格式一般存放流式格式，这既解决了视频文件的网络利用问题，又保护了视频文件的安全性。如果已归档脱机存储格式为 MPEG-1、MPEG-2 和 H.264/MPEG-4AVC，则需用流式编码软件将其转换成流式文件，然后在线提供利用。当然，如果视频文件暂时不提供网络利用，可待将来需要时再批量转化为在线格式。总之，脱机保存的视频文件应尽量接近其源文件，作为视频文件的原件来长期保存，其格式相对稳定。但随着计算机网络技术和视频文件编解码技术的发展，其在线保存格式会不断变化。

第五章 档案管理信息系统建设

第一节 档案管理软件的开发与应用

现代科技和生产的发展使得档案的数量急剧增加、档案利用率不断提高，传统的手工整理、档案检索已经越来越不适应现实，如何以较少的人力、物力更好地整理、加工档案信息，为档案利用者提供准确、快捷的服务，已成为亟待解决的问题。计算机具有存储量大、容易操作、精确度高、运算速度快、逻辑判断能力强、能够实现网络化多媒体管理等人力所无法相比的优点，利用计算机管理档案，正是解决这些问题的有效的方法。

一、计算机在档案管理中的应用

计算机可以在档案管理业务过程的各个环节都发挥一定的作用。但是，档案工作对计算机管理系统的首要要求是利用计算机来管理好档案的组织架构以及信息内容，以方便查询，所以编目管理，即目录管理，是计算机管理系统的核心功能。

计算机管理系统在档案业务中还包括其他内容：档案收集、档案整理、鉴定销毁、档案保管、档案检索、档案利用、档案统计、档案编研、数据交换、光盘发布等。

（一）制定标准和丰富数据源

我国档案计算机管理刚刚起步时，遇到的问题很多，如计算机的选择、应用软件的开发等。而实践证明，设备问题固然重要，但最关键的还是如何保证档案机读数据的质量和数量。所谓质量主要是指按照标准和规范对档案信息进行的加工处理，即档案信息处理的标准化问题,而数量则是指应尽快地把能满足应用的、较充足的数据装入计算机。搞好标准化,才有现代化,这是经过实践获得的重要经验。在此基础上,才会有通用性强、可以满足多种应用的计算机软件。在档案计算机管理的发展过程中,可以看到某些单位的计算机几经更新,越来越先进,而应用效果却很晚才见到;不少单位同时开发制作着功能类似而互相难以通用的软件。造成这些现象的原因是标准化水平不高和数据量不足。与计算机的快速发展相比,标准的制定相对要缓慢一些,尤其是由一系列标准构成体系从而实现标准化,周期就会更长。我国从 1985 年开始公布了第一批档案工作标准;20 世纪 90 年代初,我国有关档案管理自动化的标准才做到了基本配套,档案数据量日益充实,档案计算机管理应用的效果才逐步显露出来。积极支持、倡导和从事标准化工作,为增加档案机读信息而努力工作的档案工作者,可谓功不可没。

(二)不断跟踪技术的新进展

可以说,几乎计算机技术的每一项新进展,都在档案管理现代化中引起了反响,并被用于新的工作环节,解决了档案工作中一个又一个问题。从基于机读目录的自动编目、联机检索,发展到借助光盘存储器的档案全文信息存储与检索;从一般文件信息处理,发展到音频档案、视频档案等多媒体档案信息的处理;从一般的档案管理软件算法,发展到使用属于人工智能应用的知识库技术和模糊集合运算技术,解决了一些传统性难题;从人工著录标引,发展到自动著录标引;从单纯的档案信息检索、利用管理,发展到档案各个环节的管理;从专用软件发展到基于标准化系列的通用性软件和商品化程度较高的优质软件;从较封闭的单机和局域网应用方式,发展到档案与图书、情报信息共同运作的广域网工作方式以及将部分档案管理信息联机进入国际互联网络;从一般的科技档案管理,发展到以计算机辅助设计、计算机辅助制造为基础的包含科研、生产全过程的信息综合管理等,各种应用进展举不胜举。可以预见,随着计算机技术的进一步发展,还会有更多的新应用出现。

(三)建立综合性网络数据库

随着档案计算机应用的普及,档案数据库已从内部库、局域网库开始发展到办公自动化、图书资料和科技信息等综合性网络的共享库的建立。档案计算机管理应用是从自建自用内部机读目录数据库起步的。20 世纪 90 年代初期,应用计算机的单位普遍建立了档案信息管理的局域网,而且一些部委、省、市及大型企业单位的档案管理局域网还加入了办公自动化或行业体系的广域网，形成了较大的互联网。由于实现了多种信息的共享，用户的信息拥有量变得极为丰富，改变了以往孤立的档案信息系统中常见的应用方式封闭、数据量少和效益低的状况。

（四）实用化发展多媒体技术

档案部门从 1992 年开始进行多媒体技术的应用研究，目前已经在档案馆指南、多媒体档案信息管理两种应用方式上进入实用阶段。一些已投入使用的多媒体系统，可以为用户提供该局的办公引导、测绘管理、业务信息查询等服务，图、文、声、像并茂，使用方便，形象生动。随着计算机网络的多媒体化，网络的基本工作方式和运作功能也正在朝着多媒体化方向发展，一些办公自动化网络带有多媒体视频会议功能或多媒体电子文件处理及归档功能。

（五）促进了软件市场的发展

档案计算机管理促进了软件市场的发展，而软件的商品化又促进了计算机应用的普及。从 20 世纪 90 年代开始，出现了以较完善的标准和规范为依托的通用化、商品化趋势，并开始形成较丰富的软件市场，这对档案管理中的计算机普及起到更大的推动作用。

二、档案管理软件的系统体系结构

档案管理软件的系统体系结构从整体上说是二层结构与三层结构的结合，应用层与业务处理层的相互渗透。系统基本上采用组件技术进行系统的构造，系统组件分为核心（基本）组件和扩展组件，组件的整体设计思想是对业务中基本的、一致的处理进行分类、提取，成为核心组件；将各个独立的、不一致的处理提取为扩展组件。核心系统主要是通过组装核心组件形成的；扩展系统是核心组件与扩展组件组装而成的。

系统化的复用将为软件企业在竞争日益激烈的市场上赢得有利的地位。因此，对软件复用的研究和实践，引起了学术界和产业界的高度重视。直接面向系统化复用而提出的领域工程，也成为目前软件工程领域的一个重要研究方向。一般认为，领域工程是为一组相似或相近系统的应用工程建立基本能力和必备基础的过程，它覆盖了建立可复用的软件构件和构架的所有活动。领域工程实施的目标是产生 DSSA，即专门领域软件体系构架。DSSA 最外显的组成部分是应用构架库和软件构架库。

三、档案管理软件应遵循的原则

（一）标准与规范性

档案管理软件应遵循档案的相关标准，包括著录标准、信息分类和主题词标引规则、整理标准、数据交换标准、电子文件存储标准等。

（二）灵活性

灵活性、标准性、规范性是辩证统一的。国家、行业、地方标准存在一些差别，系统只有具备一定范围的灵活性，包括灵活的实体分类、标准著录与动态著录、报表灵活设计与输出等，才能适应各种标准。

在配置的灵活性方面，要允许用户选择操作系统、数据库、单机网络环境、体系结构等。

（三）可扩充性

随着业务的发展，用户会有新的需求，包括新的档案管理方式、更高级的计算机体系结构、更大容量的存储要求等。档案管理软件必须能够方便地扩充，才能满足新的业务需求。

（四）安全性

安全性包括存储、存取和传输过程中三方面的安全性。存储的安全性是指数据需要长期保存、数量大，数据整理和录入花费巨大，系统必须提供多种存储备份方式，保证数据的安全；数据要有相应级别的安全管理措施，防止被非法修改、删除，保证数据的原始性。存取的安全性是指档案数据中涉及单位和国家的机密，系统必须提供访问的权限控制。传输过程中的安全性是指档案数据在传输过程中要保证安全。

（五）检索效率

检索效率主要从检索方式和检索速度两方面提高。从检索方式方面：档案最大量的应用在查询，查询用户水平参差不齐、思维习惯各有特点，系统需要提供灵活的检索途径和方式。从检索速度方面：随着系统使用时间的加长，档案数据量不断增大，系统要保证数据量的增大不会降低检索速度。

（六）开放性

档案产生于各业务部门，计算机档案管理系统与许多系统之间都存在必然的联系。档案系统中的数据要能和其他系统无缝衔接，如办公自动化系统、计算机辅助设计系统等。

（七）易用性

档案数据各种操作都应当便于掌握，易于操作。

四、档案管理软件功能要求

在功能设置时，要考虑不同类型的档案管理对软件功能的要求存在的一些差别。机关档案管理侧重于档案管理与文档一体化功能；企事业档案管理侧重于档案管理与生产、经营、管理、科技活动的衔接，如计算机辅助设计的 CAD 电子文件和光盘存储及其他技术性档案的管理等；综合性档案管理侧重于档案保管、利用统计、借阅管理等。

（一）对数据管理功能的要求

在规定了常规的建立、修改、删除等功能基础上，还专门确定了数据应采用 DBF（Digital Beam Forming，数字波束形成）格式，因为这种数据格式被所有主流数据库管理系统兼容。此外，还从使用角度规定图纸幅面为 A0、图纸处理精度为 200dpi，这些指标的确定一般是满足应用要求的下限，利于实现合理的技术设备的成本投入。另外，还对其他种类的信息的格式也作了规定，如文本信息采用 XML（Extensible Markup Language，可扩展标记语言）文档和 RTF（Rich Text Format，富文本格式）、TXT；扫描图像数据采用 JPEG 或 TIFF；视频数据采用 MPEG、AVI；音频数据采用 MP3、WAV 格式等。这些格式的确定为档案信息的传输、交换和长期保管及有效恢复创造了条件。

（二）对整理编目功能的要求

整理编目功能要求突出文档一体化的管理，对电子文件自动归档操作中包含的主题词设置、自动标引及归档涉及的封面、表格自动打印等作了规定。这些规定把计算机辅助档案管理中已实用化且可以高效率完成的功能正式确定下来，有利于发挥计算机的效能。

（三）对利用查询功能的要求

这是计算机辅助档案管理中最常用的功能。为适应现阶段技术水平并兼顾近期发展，对全文检索和图、文、声、像一体化检索功能提出了要求。

（四）对辅助实体管理功能的要求

这部分功能对综合性档案馆、机关、大型企业和企业集团档案管理部门而言是很重要的。规定的功能包括档案征集、接收、移交、鉴定、密级变更处理等，还要求对上述处理的时间、来源、数量、种类、载体、人员等进行管理。这些功能有利于把与此相关的工作较系统地纳入计算机的自动处理流程。

（五）对安全保密功能的要求

为确保档案信息的安全，要求档案管理软件的研制、安装、运行必须符合国家的安全保密规定，使软件系统达到相应的安全保密等级，以确保在安全基础上采用新技术，提高工作效率和工作质量。

（六）对系统维护功能的要求

这部分功能主要是针对保证系统的可维护性、可运行性设定的。其中，权限管理、运行日志管理等，不仅是重要的安全措施，也是使软件系统适应电子文件管理的关键要求，兼顾了软件对电子文件管理发展的需要。

五、档案管理软件的筛选与测评方法

（一）测评目的

我国档案管理软件的开发与应用已经有二十几年的时间了。每年仍有数十个新开发的软件被推出，其中有不少称为通用型软件。有如此丰富的软件资源可供各级各类档案管理部门选用，应当说是很可喜的事。但从实际情况看，并非这么乐观，一方面很多档案管理者挑选不出满意的软件；另一方面一些软件由于其局限性或某些缺陷而难以推广。造成这种情况的原因主要有两个：一是我国档案标准化工作起步晚，虽然近年有较大的发展，而且正在完善配套，但计算机技术的发展似乎更快。例如，我国正在完善档案著录规则时，计算机已经开始大规模处理图文信息了；我国刚刚开始研究怎样制定这类标准时，能同时处理图、文、声、像的多媒体档案信息的计算机应用又成为热点，而且计算机网络化在档案管理中的普及很迅速，已经成为一种必不可少的平台。这些新发展都对档案信息管理的标准化提出更多、更新、更高的要求。标准化相对滞后的情况，使得具有广泛通用性的档案管理软件难以出现。二是软件的开发者没能按照产品生产或商品化的规律办事，使得不少软件存在制作欠缺规范、功能设计随意、隐性缺陷较多、售后服务不周到、后继开发和版本更新不及时等问题，于是这些软件难于推广或者寿命短暂也就是必然的了。

对于上述问题的解决，在当前除了加快制定和完善标准之外，还可以采用其他一些办法，如积极促进档案管理软件市场的发展，凭借优胜劣汰的市场规律来提高软件质量，扩大优质软件的推广面，并达到抑制重复性开发、节约人力和财力的目的。软件测评工作就是力图筛选出工作平台新、通用性强、兼容性好、质量有保证的计算机档案管理系统。

（二）测评方法

档案管理软件的测评遵循一套以质量认定为主的规范化的方法。测评涉及功能度、兼容性等八方面，是在与国际标准、国家标准及其他一些关于软件开发的常用技术规范总体兼容的情况下，根据计算机管理档案的要求进行归纳确定的，指标得当、包容面宽，既适应计算机技术的发展，又契合档案管理的实际情况。

1.功能度测评

功能度测评主要是考查软件的实际功能与其标称功能的吻合程度，及该类软件应具有的常规功能是否齐全。例如，有的软件就把标称的档案自动标引功能的处理速度描述得很快、正确率说得很高，但是实测时因达不到指标被扣分；有的软件则把这类功能指标、运行的限定条件和注意事项等描述得较为客观、清楚，较少被扣分；有的软件尽管内在功能不错，但由于开发前调研论证不够充分，忽视了某些常用功能，导致推广时遇到问题，也会被扣分。再如，对于文档一体化的软件，就应把计算机辅助立卷、文书与档案机读目录格式的互相转换等功能作为常规功能。

2.兼容性测评

兼容性测评主要是考查软件在其所标称的多种硬件或者软件环境支持下的运行状况，以及该类软件在所推广应用的范围内的常见机型上能否正常运行。例如，一些带有光盘设备的图文系统，除主机有选择余地外，扫描机、光盘驱动器等必须专配，在兼容性上就打了折扣。对网络系统来说，要求图文信息的传递转换设计周到合理，才能体现出较好的兼容性。另外，从测评的情况看，为保证兼容性，使用的软件工具和平台并不是越新越好，应当在成熟性和先进性上统筹考虑才较为合理。

3.速度测评

速度测评主要是考查软件运行中的数据库打开时间、数据查找时间、数据删除时间、数据索引时间、数据汇总时间、报表生成时间、数据打印时间，以及完成编目、联机检索、图文传输处理等特定功能目标所需要的时间。速度指标主要是从档案管理的实用要求来确定的，同时还要兼顾计算机技术的发展情况。

4.易用性测评

易用性测评主要是考查软件的易安装性、易操作性、操作引导的清晰程度、在线帮助信息的完整性、人机对话界面的合理性和易懂性、用户自定义功能的便利程度等，在实测中这类指标常被扣分，而且商品化的软件与一般自用的软件在这项测评中的差距很大。值得软件开发者注意的是，以前那种由开发单位派技术人员上门安装调试，为用户办班授课的推广软件方式已经跟不上时代发展。一些开发经验丰富的公司和新技术掌握较快的大学、研究机构所提供的软件，在这项测评中占有较大的优势。推广的实际情况也反映出，易用性好是用户乐于接受该软件的重要条件。那种具有自动引导安装、自我说明完善、在线帮助完整、操作简便的软件是软件商品化的一种标志。

5.容错性测评

容错性测评主要是考查软件对各种误操作及不合理使用方式的屏蔽和示警能力。近几年，开发的软件在容错性方面的进步是很大的，送测的软件在这项测评中多数有较好的表现，尤其是对于档案数据录入中的误操作及属性自动识别和限定功能，已经是一种常见的容错性设计。但在对错误信息的处理方式上，有不少软件欠缺妥当。有的示警信息说明不够清晰完整，有的软件不能保留或返回原现场，这种情况属于反应失当，实测中也常把这种现象当作由于误操作引发的软件故障。分析起来，这种情况也可能是软件开发者对所使用的工具软件或平台缺乏深入了解，过分依赖这些环境提供的出错处理功能造成的。

6.安全可靠性测评

安全可靠性测评主要是考查软件对非授权用户的识别与抵制、对网络非法用户侵入的防范、口令密码设定与管理的严密程度、数据传输加密和解密的安全性、对极限使用方式和极限环境的适应性、硬件和软件运行的故障率等。在实测中发现，多数软件考虑到了这类功能，但是又或多或少存在问题。例如，一些软件开发者对防止非法复制采取的措施较为严密，但是为用户提供的信息安全保密方法却非常简单，不少系统只设置了普通口令，而对系统维护性操作也未划分权限，这样会对安全造成很大的隐患。一些系统设置对使用过程自动记录和建档的日志功能很好，但对这类信息也应进行加密处理，并采用隐蔽性保护措施，防止其被破坏。而在网络系统的安全可靠性设计上问题就更多，这是因为网络上的信息库必须按共享要求设计，提供公共接口、遵守通信协议等，而许多设计者对网络安全隐患的严重性缺乏足够的认识。

7.数据结构的合理性测评

数据结构的合理性测评主要是考查软件所建立的数据集的逻辑结构和物理结构，在满足功能要求的情况下是否合理，与《档案著录规则》等国家标准是否兼容，数据操作是否便捷、高效、节省存储空间、操作权限明确，网络环境中的数据集分布与流动是否合理等。数据结构设计的好坏往往决定了系统整体技术指标的高低，也是档案管理软件的重点测评项目，这是因为档案信息量很大，只有做到数据的逻辑结构和物理结构均合理，才能保证系统高效、可靠。

8.资料的测评

资料的测评主要是考查软件操作使用所必须具备的资料是否完整、清晰、可用性强。

软件开发过程中生成的资料不作为测评重点。其实在实测中，通过对操作手册的检验也可以间接看出软件的开发是否规范。这项测评也可以说是区分商品化软件与一般自用软件的标志。通过送测的资料，可以在某种程度上区分软件在论证、开发、调试、维护等方面的差别。例如，那些管理科学、工作程序严谨、技术水平较高的软件，在资料测评中有较好的表现；而那些开发水平较低或自用的软件，资料也往往粗糙，而且漏洞较多，甚至有的软件按手册操作经常"碰壁"，手册的引导也变成了误导。较普遍的问题是资料偏重于指导操作，缺少系统维护或故障对策等方面的内容。

在进行了上述八个项目的测试后，再汇总起来对软件做一个总体评价。

（三）测评的作用

1.为软件的推广提供可靠的依据

国家档案局在筹划和开展测评工作时，明确地把着眼点放在软件的筛选和推广上。通过这项工作的实际开展，确实起到了这样的作用。经过测评筛选后，达到优秀和良好等级的软件，无论是内在质量，还是展示出来的外在形象，都体现出较高的水平。这使国家档案局科技成果推广部门对筛选出来的软件的推广信心十足。

2.对软件开发起指导作用

与其说测评是对软件开发结果的评价，不如说是被测软件进行改进的起点和过程。一些软件开发单位在送测前就详细了解了测评的内容和要求，送测后又对测评中发现的问题进行修改，然后继续送测，这使测评实际上成了提高软件质量的重要手段。实测中能一次达到优秀的可能性极小，最终能达到这一等级的单位都体现了精益求精的态度和坚韧不拔的精神。

3.对软件的商品化起促进作用

测评方法的制定，为商品化的档案管理软件提供了较规范的模式。可以说，测评方法将影响今后档案管理软件的开发工作，使"手工作坊"式的软件开发向规范化、集约化、社会化的方向发展。当高质量的商品化软件大面积推广之时，那种低水平重复开发软件的现象自然会得到抑制，这将大大节约档案部门的人力和资金，产生良好的社会效益和经济效益。

六、档案计算机管理的发展趋势与对策

（一）档案计算机管理的网络化趋势

档案计算机管理的发展，是计算机等新技术的社会化发展大环境中的一部分。20世纪70年代，随着计算机存储容量和运算速度的增加，人们认识到计算机其实是信息处理机。到20世纪80年代初，又有人提出网络就是计算机，或者说网络才是真正的信息处理机，不过这个认识直到20世纪90年代初才被大多数人所承认，其原因是这时计算机网络有了全球性的发展，在短短几年中就几乎深入世界的各个角落。

用户上网意味着其信息拥有量迅速扩大。上网用户可查找的信息量无疑是天文数字，何况互联网络还正处在高速发展的过程之中。档案工作者面临两个问题：一是如何借其计算机网络扩大视野，依托其丰富信息资源；二是如何突破封闭的管理模式，把应当开放的档案通过计算机网络及时提供给社会。

（二）电子文件数量增加迅速

随着计算机应用的普及，各类电子文件的数量增加很快。CAD电子文件的管理方法研究早已被纳入国家重点支持的科技进步计划，进展较快。与此同时，国家档案局也积极推动对于办公自动化电子文件归档管理方法的研究工作，并取得了进展。

（三）相关的一些新技术的发展

语音识别、文字扫描识别、超文本和超媒体信息处理等方面的应用，已在社会大范围普及。计算机的每一项新的技术发展，几乎都会在档案管理中找到用武之地。档案信息的多样极其巨大的数量，为新技术的应用提供了广阔的天地。

（四）计算机多媒体技术的发展

计算机多媒体技术的发展很快。随着多媒体计算机的普及，多媒体互联网络的发展也加快了速度。美、日，甚至是一些发展中国家，都在参与新一代支持多媒体信息处理的互联网的设计和技术更新，其中美、欧之间的竞争甚至已达到白热化的程度。

（五）新型计算机技术的发展

随着技术的发展，信息技术和计算机技术还会出现新的飞跃。比如，高性能、低能耗计算机的普及；智能化计算机的开发应用；便携式办公系统的推广；新型高密度、高可靠性存储设备的应用等。各种功能奇特、先进实用的计算机及技术，将会使人们的工作和生活更加方便快捷、多姿多彩，同时也会给档案工作带来更多、更大的变化。需要研究的问题和对策主要包括以下七方面：

1.加强领导和统一规划

把以往各单位分散的小系统设计转变成多单位、多部门，甚至全国性的基于大系统工程的社会行为。做到以档案行政主管部门牵头，同科研、教学等多方面配合，将有限的资金和技术力量调配好，实现三个目标：第一，从技术开发到推广应用，形成有机联系在一起的多层次结构；第二，在标准化方面，由针对某事的独立标准，形成集信息处理、设备选用、技术开发等多方面结合的立体化结构；第三，在技术人才方面，由相对封闭的"档案工作者与非档案工作者"的简单划分，转变为"参与档案工作的"社会化观念，寻求更为广泛的社会服务和技术支持。只有如此，才能使当前的"人才危机"问题得到根本解决。

2.计算机应用的普及给档案管理的基础工作和管理方法带来巨大影响

计算机在档案管理中的应用不仅带来了高效率和高质量，也改变了档案工作的传统方式。一些单位由于用计算机直接管理文件级档案，产生了是否还需保留案卷级管理方式的问题；有些部门应用计算机管理档案，根据《归档文件整理规则》（DA/T22—2015）改革了文件整理方式；档案电子化带来了某些原件是否需保留的问题等。

3.档案计算机管理网络安全问题的严重性及其对策

随着网络化的发展，档案信息的上网管理及其安全性、可靠性、加密技术、"防火墙"技术，以及档案信息与其他信息资源和处理软件的兼容性等问题日益突出，网络安全问题已成为限制其发展的最大障碍，怎样妥善解决这类问题将成为今后的研究重点。依据发达国家的经验，对于电子文件和电子档案涉及的网络安全问题，不仅要当作工程技术问题予以解决，还必须从政府行为和社会行为的角度来综合考虑，采取合理措施，才可能达到解决问题的效果。

4.随着计算机和网络的多媒体化，应注意促进档案多媒体信息管理的实用化

第一，应注意解决多媒体信息演示系统开发软件的工具化问题。如果其开发软件实现了工具化，那么通过改变参数来调整功能结构，并随机填充相应内容，即可得到完全不同的多媒体信息演示系统，不仅节约大量人力、物力，还能使该系统广泛地普及应用。

第二，要解决多媒体档案信息处理的标准化和长久保存问题。多媒体信息技术的设备兼容性较差，其信息存取和交换有诸多不便，而与多媒体档案信息长久保存有关的载体筛选工作还很薄弱。上述工作投入大、周期长，需要引起有关部门的足够重视，采取更为有力的解决措施。

第三，还应注意用多媒体技术实现档案管理功能的更新。计算机已经从内部信息的多媒体处理转向处理功能的多媒体化。

5.解决计算机普及速度加快而档案部门计算机专业人员短缺的问题

针对这个问题可以采取三种措施：一是要提高档案工作的标准化程度。档案工作现代化的基础是标准化。计算机在档案管理应用中涉及的每个问题，如数据著录、设备兼容、应用软件推广、信息联网等都需要一系列的标准才能解决。二是要在标准化的基础上，大力推进计算机应用的社会化服务，这是档案部门获得高质量的技术支持和减少人力、物力投入的最有效途径。三是要加快在档案工作者中的计算机知识普及，令每个档案工作者都能够尽快掌握应用计算机的知识和技能。

6.解决电子文件归档和电子档案的长期保存问题

电子文件的归档问题应引起更多的注意，要加紧制定有关的国家标准或行业标准。对于办公自动化和CAD等产生的各类电子文件的真实性、完整性和安全性予以保证，同时为档案馆接收电子文件形成的电子档案提供指导和提出规范化的要求。目前，生成和使用电子文件的部门对电子文件的长期保存问题考虑不够充分，而负责电子文件归档管理的档案工作者对其特性又很陌生，因此电子文件归档和电子档案的长期保存问题必须从现在起就引起广大档案工作者的重视。

7.解决新型载体的安全使用和长久保存问题

随着计算机存储技术的多样化，应随时跟踪技术的新发展，及时对档案信息新载体的使用和保管方法进行实验论证、深入研究，以保证档案的安全可靠和长久保存。

第二节 数字档案室的建设

　　各级、各类机关的档案室工作是国家档案事业的重要组成部分，是提高机构工作效率和质量的必要条件，也是档案馆工作的前端和基础。因此，数字档案室建设是档案信息化的重要内容，是联结机关办公自动化和数字档案馆，建设、集成机关档案信息资源，确保机关档案资源共享利用的关键环节。数字档案室对于维护机关电子档案的真实、完整、有效和安全，提升档案室工作效率和服务能力，促进数字档案馆建设乃至档案信息化的全面、持续、有效发展具有重要意义。

一、数字档案室概述

（一）数字档案室的概念及内涵

　　《数字档案室建设指南》将数字档案室定义为："机关在履行职能过程中，运用现代信息技术对电子档案和传统载体档案数字副本等数字档案信息进行采集、整理、存储、管理，并通过不同类型网络提供共享利用和有限公共档案信息服务的档案信息集成管理平台。"该概念包括以下内涵：

　　建设和应用的主体是政府、企事业单位和各类社会组织的档案室，是为了更好地履行档案管理职能。

　　技术条件是全面应用现代信息技术，包括数字技术和网络技术。其中，网络系统应包括各种类型的网络平台。

　　管理对象主要是电子档案（归档电子文件）和数字化档案（传统载体档案数字副本）的信息。

　　管理的功能包括档案管理的各项业务。主要是满足机构内部职能活动的需要，同时实行有限的公共档案信息服务。其有限性是由机构所有档案的价值特征和档案工作的职能所决定的，它有别于数字档案馆。

　　建设要求是建立档案信息集成管理平台。为此，需要强调统一规划，统一建设，统一实施，统一管理，做到数据集成、功能集成、流程集成，协调和处理好档案部门与文书部门、档案工作与业务工作、档案室与档案馆之间的关系，在文件生命周期中发挥好承上启下的信息"枢纽港"作用。

（二）数字档案室建设原则

1.资源强档原则

数字档案资源建设要做到"三管齐下"：一是将来源于机构信息系统的电子档案收集起来；二是将室藏传统档案的数字化工作做起来；三是将档案数据库建起来。

数字档案资源是数字档案室的立足之本和利用之源，也是国家档案资源建设的入口和源头。只有从源头上将数字档案资源做大做强，才能做到"上游有水，下游满"。所谓做大，就是严格按照归档范围，使档案资源做到应收尽收、门类齐全、内容完整；所谓做强，就是要确保数字档案资源的真实、完整、有效和安全，做到配置合理、格式规范、管理有序、特色鲜明。因此，实行机构重要数字信息的资源化管理，应当成为数字档案室建设的永恒目标和基本条件。

2.标准先行原则

数字档案室建设应统筹协调文件管理与档案管理、业务工作与档案工作、档案室与档案馆之间的关系，确保数字档案室系统与前端办公自动化系统、后端数字档案馆系统的衔接。为此，应当严格遵循既有的标准和规范，以便在系统设计、建设、运行中能够步调一致、统一规范，真正形成文档一体、馆室一体的档案管理体系。

3.整体推进原则

数字档案室基础设施、信息资源、制度规范、人才队伍的建设，需要依靠管理体系和行政手段整体推进，特别是要将数字档案室建设与机关电子政务、企业电子商务和社会信息化建设密切结合起来，确保这项工作全面、协调、可持续发展。

4.确保安全原则

数字档案室建设应建立健全与机关整体信息安全管理相匹配的档案信息安全管理制度，按照信息安全等级保护和分级保护要求，采取安全保障技术方法，配备必要的软硬件设施，完善灾难恢复应急机制，确保数字档案室建设和运行的安全。

5.系统集成原则

数字档案室分布点多面广，分头建设必然造成资源浪费和信息"孤岛"的问题。为此，应在国家统一规划、科学管理指导下，研制实用的数字档案室集成系统，采用先进的架构体系（如云平台、B/S 架构等）推广应用，使数字档案室系统具备统一规范的功能设置、数据结构、业务流程、性能指标，并做到与数字档案馆资源的无缝对接。

二、数字档案室的建设任务

数字档案室建设任务需要机关、企事业单位的档案部门、信息化部门、业务部门和保密部门共同参与实施，它包括基础设施建设、应用系统建设、数字档案资源建设、保障体系建设。本部分主要介绍基础设施建设和应用系统建设。

（一）基础设施建设

依托本单位信息化基础设施，建设相对独立、稳定可靠、兼容性强，能够满足数字档案室运行需求的网络、硬件、软件、安全保障等基础设施。

1.网络基础设施

一般应将数字档案室网络管理中心设于机关、企事业单位的中心机房。机房应具备防雷、防静电、防磁、防火、防水、防盗、稳压、恒温、恒湿等基本管理条件，有条件的单位应建设符合《电子信息系统机房设计规范》（GB 50174—2008）要求的 B 级机房。中心机房、网络综合布线的配置，应为数字档案室配备足够数量的网络信息点，网络性能应适应图像、音频、视频等各类数据的传输、利用要求。

数字档案室网络平台应当与单位办公网、业务网统一规划、统一建设，实现跨系统、跨平台的信息交换和利用的分级、分层授权。数字档案室网络平台与本地区、本部门政务网、业务网互联的，应采取相应措施，确保档案数据安全。

数字档案室网络平台处理涉密信息时，应依据国家和本市有关涉密信息系统分级管理规定确定等级，明确安全域，按照《涉及国家秘密的信息系统分级保护技术要求》（BMB 17—2006）进行建设，并应与单位非涉密办公网和业务网实现物理隔离，禁止接入互联网。

2.系统硬件

（1）服务器

服务器性能和数量的配置，应能满足数字档案室应用系统以及数据库、中间件、全文检索、备份、防病毒等基础软件的部署和安全高效运行的需求，并适当冗余、可扩展。

（2）存储设备

应为数字档案室配备先进、高效和稳定的磁盘阵列作为数字档案资源在线存储设备。根据本单位制定的数字档案资源保存策略，确定近线或离线备份系统的配置，近线备份应选择磁带库或虚拟带库及相应的备份软件，离线备份可选择光盘、移动硬盘等脱机存储介质以及相应的备份、检测设备。

3.基础软件

结合数字档案室应用系统开发或运行需要，为数字档案室配备必要的正版基础软件，包括主流的数据库管理系统（一般采用关系型数据库）、网络操作系统、中间件、全文检索、文件格式转换与迁移、图像处理及多媒体编辑等软件。数字化软件包括扫描软件和图像处理软件、OCR 软件等。

4.安全保障系统

应结合实际，参照信息系统安全等级保护有关要求，从多层面为数字档案室应用系统建立安全保障体系。应用系统设计、实施完善的用户权限配置和管理功能，为数字档案资源的安全存储、管理提供保障。配备正版杀毒软件，如有必要，应有选择地配备防火墙、用户认证、数字签名、移动存储介质管理等软件，以及业务审计软件等安全管理工具。涉密数字档案室应用系统必须按照国家有关涉密信息系统分级保护的规定执行。

数字档案室应配备专用的电子档案柜，规范存放电子档案；设置门控系统监控报警系统，配备磁带备份系统、光盘刻录系统、断电保护 UPS 系统等外围辅助设备，健全环境安全和介质安全等功能，确保网络设备、设施、介质和信息的物理安全。数字档案室应健全系统备份、灾后恢复等功能，配备防火墙、入侵检测等相应技术设备，建立操作日志，通过身份认证、访问控制、信息加密、信息完整性校验、入侵检测等技术手段和管理方法，确保档案数据得到有效保护。

5.终端及辅助设备

为数字档案室应用系统配备专用终端计算机、扫描仪、数码照相机、打印机等终端设备，以及刻录机、移动存储介质等辅助设备。终端配置应充分考虑档案工作的特点和档案室实际需要，如配置宽幅、零边距、高速、底片扫描仪，光盘标签打印机等。

（二）应用系统建设

应用系统建设应能集成管理各门类数字档案资源，具备收集、元数据捕获、登记、分类、编目、著录、存储、数字签名、检索、利用、鉴定、统计、处置、格式转换、命名、移交、审计、备份、灾难恢复、用户管理、权限管理等基本功能，为电子档案的真实、完整、可用和安全提供首要保障，并达到灵活扩展、简单易用的基本要求。

1.档案门类管理

档案门类管理包括电子档案和实体档案的门类、分类方案、元数据方案的调整及扩展管理。

2.接收采集

接收采集包括文书、音像、科技和专业类电子文件及元数据的接收采集。

3.分类编目

分类编目包括分类组织、归档存储、编目著录等。

4.检索利用

检索利用包括档案检索、利用、编研等。

5.鉴定统计

鉴定统计包括鉴定处理、统计报告等。

6.系统管理

系统管理包括审计跟踪、用户与权限管理、数据维护、参数设置等。

7.技术文档管理

收集保存应用软件研制、测评、运行、维护等过程中形成的文档。

第三节 数字档案馆的建设

一、数字档案馆概述

为了实现人类数字记忆的持续积累、完整采集、长期保存、集中管理、安全控制和有效利用，数字档案馆建设已经成为档案信息化的重要内容。

自从数字档案馆的概念出现以后，我国档案界一直在探讨数字档案馆的概念内涵，出现了各种定义。其中，《数字档案馆建设指南》的定义："数字档案馆是指各级各类档案馆为适应信息社会日益增长的对档案信息资源管理、利用需求，运用现代信息技术对数字档案信息进行采集、加工、存储、管理，并通过各种网络平台提供公共档案信息服务和共享利用的档案信息集成管理系统。"从该定义出发，数字档案馆包括以下内涵：

（一）数字档案馆是传统档案馆功能的拓展和创新

信息社会催生了海量的数字信息，人类社会的生存和发展越来越依赖于数字信息的传播与传承。传统档案馆难以对信息实行全方位、持久性的保管和保护，提供跨时空、零距离、全天候、交互式的服务；数字档案馆能延伸和拓展传统档案馆的功能，承担起保护和利用数字时代社会记忆的历史使命。

（二）数字档案馆是国家基础数字信息的集散中心

数字化基础信息是国家的优质战略资源，数字档案馆通过科学、规范地收集、整理、保管、保护、传递、开发、利用等方式，对分散于不同载体、不同地域、不同媒体、不同领域的基础信息，实行数字化处理、集成化管理、网络化互联、虚拟化共享，使这些基础信息增值为真正意义上的资源，更好地造福于社会。

（三）数字档案馆是"数字化+网络化"的档案馆

以数字化和网络化为支柱的信息技术的应用是数字档案馆生存发展的基础。数字档案馆建设必须将信息技术与档案馆事业的发展需求紧密结合，必须以信息技术发展为强大的动力,全面、持续、创造性地应用数字化、网络化技术发展的最新成果,不断打造信息时代档案馆的"升级版"。在狭义上,数字档案馆是建立在数字化、网络化平台上的传统档案馆;在广义上,数字档案馆是基于网络环境的面向数字信息对象分布存储的狭义数字档案馆群。也就是说,广义数字档案馆可以被分解为一个个狭义数字档案馆实体。狭义数字档案馆是广义数字档案馆建设的基础,而广义数字档案馆是狭义数字档案馆发展的较高阶段或较高境界。

二、数字档案馆管理系统的功能要求

根据《数字档案馆建设指南》的要求,数字档案管理系统应当具备"收集、管理、保存、利用"四项基本业务功能以及用户权限管理、系统日志管理、数据备份与恢复、系统及其数据安全维护等功能。数字档案管理系统还应当采取必要措施保证馆藏数字档案信息,特别是由电子文件归档形成的电子档案信息的可靠和可用。数字档案管理系统功能可以根据信息化发展和档案管理的要求而有所侧重并不断拓展。

(一)收集功能要求

数字档案管理系统应当具备接收立档单位产生的电子文件及其元数据、对传统载体档案进行数字化和采集重要数字信息资源等功能。主要包括以下几点要求:

(1)根据相关要求接收立档单位产生的各类电子文件及其元数据,并在建立一整套接收机制基础上,保证接收过程责权明确,杜绝安全隐患,从源头上保证数字档案的真实、完整、可用。

(2)提供选择在线接收和脱机接收方式。

(3)能够批量导入或导出数据,保证数据的可靠和可用。

(4)对在线或离线接收的档案数据进行真实性、完整性、可用性验证。

(5)具备目录数据和内容数据等多种信息资源的采集功能。

(二)管理功能要求

数字档案管理系统能够对所接收的各类数字档案信息进行整理、比对、分类、著录、挂接、鉴定、检索、统计等操作,使无序信息有序化,并实施有效控制。主要包括:

（1）按照设定的分类方案，将数字档案信息存储到系统中，或根据管理要求进行适当调整。

（2）过滤重份数据和重新分类、编号。

（3）对档案内容进行抽取和添加元数据等操作。目前档案管理都是基于数据库管理方式来实现，将来不排除使用新的技术方法对数字档案进行有效管理。

（4）辅助人工完成档案的开放鉴定工作。

（5）对档案内容数据及其元数据等相关信息建立持久联系，形成长期保存档案数据包和利用数据包。

（6）对档案类型、数量大小等按照设定要求进行统计、显示或打印输出所需各类档案信息。

（7）辅助完成馆藏实体档案编目（著录、标引）、整理、出入库房管理等工作。

（8）制定档案业务流程或进行流程再造。

（三）长久保存要求

长久保存既是要求，也是策略，它包括存储格式的选择，检测、备份和迁移等技术方法的采用等。主要要求包括：

（1）应当选择符合国家标准的格式，暂时未制定标准的，选择开放格式或主流格式。

（2）定期对载体及其软硬件环境进行读取、测试，发现问题，及时解决。

（3）根据数据重要程度以及管理和利用的需要，选择在线、近线、离线、异地、异质和分级存储等技术和方式。

（4）计算机软硬件以及技术或标准规范发生重大变化或发生重大事件时，为了保证数字档案信息可读，应采取迁移等手段对所存储的数据进行技术处理。

（四）存储架构要求

根据档案数据量和管理目的不同而采用不同的存储技术及其相关设备。安全性和稳定性是选择存储设备的首要因素。在数字档案馆建设过程中，应根据数字档案馆的数据量和利用并发用户数的需求，以保证数字档案馆合理安全的存储容量和较快的网络传输速度，适当选择采用单一应用平台，配备数据库服务器、文件存储器、备份服务器、备份软件等构成的存储服务平台，以及采用 SAN（Storage Area Network，存储区域网络）、NAS（Network Attached Storage，网络附属存储）、DAS（Direct-Attached Storage，开放系统的直连式存储）或其他形式的存储技术方法。

（五）利用功能要求

数字档案管理系统应当根据档案信息的利用需求和网络条件，分别通过互联网、政务网、局域网等建立利用窗口，实现档案查询、资源发布、信息共享、开发利用、工作交流、统计分析等功能。主要包括以下几方面：

（1）运用最新检索技术方法满足利用者在各种利用平台对档案数据进行快速、准确、全面的利用查询要求。

（2）通过网络平台或特定载体发布档案信息和信息资源共享。

（3）辅助进行档案信息智能编研、深度挖掘。

（4）为档案管理者和利用者提供在线交流平台、远程指导、远程教育。

（5）辅助开展数字档案的增值服务。

（6）进行档案利用访问量统计、分布分析、舆情分析等相关工作。

（7）对用户、数据项、功能组件进行利用权限的角色授权处理，能够进行门类设置、结构设定、字典定义等系统代码维护工作。

第四节 档案网站的建立与维护

档案网站是由档案部门建立的，是通过互联网或各级公共网络向社会提供查询服务的电子文档集合。

一、档案网站建设的意义与作用

（一）为档案馆提供宣传自己的新方式

互联网已被公认为是继三大媒体之后飞速发展起来的第四媒体，能够克服传统的档案宣传形式的许多局限，成为档案馆自行加强和深化宣传工作的新窗口、新阵地。档案馆可以充分利用互联网覆盖面广、信息流量大的宣传优势，把需要让外界了解的信息，如馆藏概况、档案管理情况、先进经验、开放利用服务信息等，做成精美的网页，放在互联网上，让全世界的人通过浏览网页来了解情况。档案馆还可以在网上发行电子刊物和利用精彩档案进行实例发布等，向全社会宣传推介自己，从而提高人们的社会档案意识，提升档案事业的社会影响力。还可充分利用网络及计算机的巨大储存能力和快捷的处理功能，通过举办网上展览、网上档案编研成果展示等，在互联网上开辟社会主义精神文明宣传和爱国主义教育宣传的新天地。

现在，互联网上有很多提供免费主页空间的站点，可以根据需要选择申请。例如，山东省章丘市档案馆，建立了介绍档案馆基本情况、馆藏概况、开放利用及现代化管理情况的网页，这样就为该馆在网上安了家，有了一个属于其自己的、完全免费的宣传阵地，为提高档案馆的知名度发挥了作用。

（二）为档案馆提供改善服务的新手段

档案馆可充分利用网络分布的广泛性、开放性、动态性和非线性等特点，在网上公布馆藏指南和检索目录，定期或不定期进行特色档案信息发布，开辟一个为社会各界服务的新渠道。

为提高档案信息资源的利用效果，充分发挥档案信息资源的作用，除正常接待查档外，许多档案馆开展了函电代查、代抄、代复制、档案咨询等多种形式的服务活动。互联网的发展，又为档案馆提供了新的服务手段。电子邮件（E-mail）是互联网提供的一种快速、高效、方便、价廉的信息传递方式，通过电子邮件，不仅可以传递文字信息，还可以传递声音、图像、影像等多媒体信息。档案馆通过电子邮件这种形式可以突破函电代查、代抄、代复制的局限，给用户提供更加及时、准确、全面的信息服务。一般档案馆都会在主页上公布一个可供联系的电子邮件地址，这样用户可以把他的查档要求通过电子邮件告诉档案馆，档案馆根据其要求查阅后，再将结果以电子邮件的形式传送给用户。

二、建立档案网站应具备的条件

建立档案网站不仅是为了满足政务公开、方便群众的需要，更重要的是为查阅档案信息提供一条新的便捷途径。凡是牵涉到档案信息网上运行的，必须解决好有关保密等方面的问题，同时还须具备技术成熟、配套设备先进、档案工作人员业务素质高等诸多软硬件方面的条件。

（一）要解决好档案信息"上网"的安全性问题

档案工作自身的性质决定了其在一定程度上的保密性要求，而互联网的特点之一就是开放性，且目前互联网的安全技术还不完备。因此，档案信息"上网"首先必须经过关于保密与开放的鉴定处理。应当开放的档案应尽量"上网"，不能开放的档案则绝不能"上网"，以避免泄密。另外，还要及时做好社会急需且已到期的档案信息的解密工作。

对于"上网"信息中包含的一些只对特定群体公开的限制利用范围的档案信息，可以从网络的物理结构、防火墙设计、用户身份认证等多方面进行安全控制，以此来保障档案信息网上安全运行。

（二）必须对档案信息进行数字化处理

档案信息必须经过数字化处理，建立包括档案目录数据库和档案全文数据库两大主体类别在内的系列高标准数据库，方能在互联网上发布、存储和传输。现代计算机技术，尤其是宽带多媒体综合数字信息网，可以为用户提供文字、图片、动画、声像等多种信息的综合服务。档案信息数字化的方法很多，最常用的有键盘录入、手写识别、声音识别、图像识别、扫描等。

（三）档案信息的处理必须标准化

标准化是计算机网络信息系统的生命线，是档案信息进入互联网的重要前提条件之一。互联网是一个相对独立的整体，它采用标准的 TCP（Transmission Control Protocol，传输控制协议）、IP（Internet Protocol，网络层协议）技术和标准的计算机网络语言，使所有的计算机得以相互交流，从而形成一个巨大的全球信息网。标准化的系统既利于信息交流，又会提高信息的通用程度。这就要求人们一方面在日常工作中要严格执行档案收集、整理、鉴定、编目、著录、标引、编研等各环节相应的工作标准；另一方面又要在软件开发中坚持信息系统设计与应用标准，并力求以更加开放明晰的表达方式，获得较高的兼容性和可拓展性。

（四）档案信息必须按不同的服务对象和目的选择、分类

服务对象和目的决定服务内容，档案信息"上网"的主要目的是为互联网上的全体用户服务，而非单纯的档案管理者。因此，档案馆相关人员在工作中应当严格区分档案网络化管理和档案信息"上网"这两个完全不同的概念。尤其是档案信息全文"上网"处于刚刚起步的阶段，现有档案信息数据库还远不能满足网络需求，相较于对"上网"档案信息进行选择、分类和处理制作，更应注意在力争满足广大用户需求的同时，明确核心用户和主要服务宗旨。档案馆除应适时发布社会所关注的焦点信息外，还应将馆藏的精华部分优先加以开发，并推介给广大网络用户，以求尽快获得用户的支持。

三、中国档案网站总体分析

档案网站作为一种新生事物，一方面充当了档案工作网络时代开路先锋的角色，是打开新时代大门的先行者；另一方面也必然带有新生事物初期的种种天然性的缺陷与不足。总的说来，中国档案网站具有以下主要特点和相关问题：

（一）"无头"现象

从行业网站发展的基本规律来看，一般采用从上到下、上下结合的发展方式较为合理。在中国，其他行业或行政管理部门都有国家级综合网站，如国家人才网、国家地震网、国家旅游网、中华文化网等，各级网站上下贯通互联，逐步形成行业体系。但在档案行业，至今没有龙头网站和样板网站。

（二）"孤岛"现象

"孤岛"现象是在以下三方面因素共同作用下产生的：

第一，从受众上讲，专业性太强，给人的感觉是只给档案专业人员看的，不适合非档案人员浏览，起不到网络应有的作用，对档案工作的宣传不利。

第二，从管理上讲，由于没有龙头网站，致使各地的档案网站各自为政，上下不成体系，成为一个个"孤岛"，没有初步形成上下贯通、网络互联的档案网站的网络体系。

第三，从技术上讲，档案网站没有链接或链接很少，犹如死胡同，进去出不来，加入搜索引擎的较少，网址查询困难。

目前，多数网站上没有档案网站或其他相关网站的链接。据悉，上海档案信息网已向全国的网上档案局（馆）发函征求链接，希望档案网站尽快实现行业网站间的"友情链接"。

除档案网站之间实现"友情链接"之外，档案网站与相关网站，如政府办公信息网、文化信息网等也应实现"友情链接"，加入到大信息、大文化的网络中去。

（三）"差""少"现象

"差"主要是指档案网站的主页界面质量较差，结构比较呆板、单一。档案网站的主页一般是由档案部门的工作人员自行设计的，没有专业美术人员和专业技术人员参与。

"少"既指档案界面新闻报道类信息较少，也指档案内容信息缺乏。档案网站内容比较雷同、专业内容不丰富，亟待丰富和完善。在档案网站主体信息——档案检索信息与档案内容信息方面，差距就更为巨大。从总体上来讲，应逐渐实现从案卷级目录检索到文件级目录检索发展，最终实现全文检索。按照目前档案工作的水平，应首先将有关的档案目录信息尽快地上传到网站中去，并随着档案现代化水平的进一步提高，逐步实现档案内容的全文检索。

（四）"有站无车"现象

目前，进入档案网站浏览的多数是档案界的圈内人士，少数是对档案和档案工作有一定关切度的人士。一方面，用户范围相对较小；另一方面，由于内容少、更新慢，用户无须在短时间内重复访问。总之，由于档案网站本身的种种缺陷，造成了这种"有站无车"现象或称"站小车少"现象（站小：指档案网站内容少、功能差；车少：指访问档案网站的用户人数少）。

四、档案网站的发展问题

21 世纪中国档案网站的发展，应重点解决以下问题：

（一）关于建设档案网站的思想认识问题

档案网站建设规模及速度与图书管理部门相比，处于落后状态。造成这种局面的主要原因在于建设档案网站的思想认识问题。要想解决这个问题需要先解决以下两个问题：

1.对建设档案网站必要性的认识问题

21 世纪，档案事业与网络的"联姻"是天作之合，两者在本质上具有不容置疑的必然联系。从本质上讲，网络是一个公共信息平台，而档案馆是公共信息库。信息库需要网络平台的承载与传输，网络平台需要丰富的信息资源，两者相互需要，一拍即合。特别是数字化的档案馆对网络具有极强的依赖性，不在线的数字档案馆是不可想象的。21世纪是中国档案事业数字化和网络化时代，对此建设档案网站是十分必要的。

2.对建设档案网站可行性的认识问题

人们对建设档案网站的远期必要性往往能够给予肯定，但对建设档案网站的现实可行性却常常持怀疑态度。其原因是对于网站建设的有关细节问题不清楚，将档案网站神秘化，无形中将建设档案网站的困难夸大化。

创建档案网站所遇到的困难主要是技术问题和经济问题，这两个问题实际上并不是不可逾越的障碍。因为普通的档案网站创建技术并不复杂，能够创建普通档案网站的技术人员比比皆是；而在经费问题上，在网站建设初期可以因陋就简，不必追求网站的功能强大。这样，无须花费许多资金就可以解决网站建设的经费问题。实际上，现在已经建立起来的一些档案网站是在"基本上没花钱"（在已有计算机）的情况下建成的。

创建档案网站难度并不大，而发展档案网站，使之成为真正的网上档案馆则有相当大的难度。建设真正的网上档案馆主要困难在于它需要大量的基础性工作。这些基础性工作主要包括在馆藏纸质档案的数字化和办公自动化条件下新产生的电子档案的接收与管理工作，即档案信息数据库的建立工作。档案信息数据库是网上档案馆的内容基础。其中，馆藏纸质档案的数字化问题是建立数字档案馆的最大障碍，需要付出艰苦的劳动和大量的工作时间。目前，馆藏纸质档案的计算机录入还没有非常便捷的方法，即使使用扫描仪也需要大量的改错工作。

先进的信息技术为档案工作的开展提供了极好的条件，但同时也给人们带来了新的难题，增加了一些"额外"工作。档案工作者要发扬愚公移山的精神，逐步挖掉纸质档案的大山，使它们走上 21 世纪的信息"高速公路"。

（二）档案网站建设的具体操作性问题

1.网页制作

网页制作是一项比较繁杂、细致的工作，既有技术含量，又有知识含量，同时也要有信息储备和一定的审美观点。运作之前要进行细致的筹划，做好方案的设计和论证工作，不要贸然动工。

2.网站的维护与更新

网站要经常维护更新。互联网上的信息瞬息万变，网页要保持活力，就必须经常更新。更新有两层含义：一方面是在网站中不断添加内容和功能；另一方面要对网站内容不断地更新，特别是信息类的内容。站点的维护及更新最好由各级档案部门的人员来进行，主要原因：一是各级档案部门的人员能保证随时更新；二是各级档案部门的人员能保证网站的亲和性。网站的维护人员应该是全才，有档案和计算机两方面的知识与技能，特别是对网页制作比较精通，还要有一定的编辑和审美能力。

3.档案数据库与档案信息查询管理工作

不断扩大的网上档案数据库和广大用户的网上查询活动，都需要档案人员进行适当的管理。其中，网上档案数据库的管理工作要求管理人员有较强的技术能力和严谨的工作作风；而用户的网上查询活动管理工作还要求管理人员对国家的政策较为了解。

五、档案信息社会化网络资源建设

档案信息社会化网络资源是档案信息流程管理的基础，没有丰富的档案信息资源，档案信息传播流程也不能有效运行。档案信息社会化网络资源是指在社会化网络中传播与利用的档案信息。档案信息社会化网络资源建设是档案信息社会化网络传播流程管理的前提，其本质是以社会化网络为传播媒介，以用户为中心，将相对分散的档案信息、技术、人员等融合，组建一个资源丰富、应用便利的数字化传播平台。

（一）丰富档案信息社会化网络资源

1.档案信息社会化网络资源的来源和途径

（1）档案信息社会化网络资源的来源

档案信息社会化网络资源主要有两个来源：一是数字档案副本，即利用技术手段将实体档案数字化加工处理后形成的电子档案，这是社会化网络资源的根本来源；二是电子档案原件，即直接在社会化网络中生成并由网络传输的虚拟文件，这是实体档案的有效补充。档案信息数字化以实体档案为基础，以档案全文数字化为关键内容，通过呈缴和征集的方式收集电子档案，实现档案贮存、传播方式的数字化。

（2）档案信息社会化网络资源建设的首要途径

现阶段，档案信息社会化网络建设的首要途径是对实体档案进行必要的数字化加工。实体档案要想在社会化网络中实现高速流动和广泛传播，必须将其转换成数字化档案信息。在档案信息数字化过程中，第一，鉴定档案是否具有价值以及其密级性；第二，鉴定数字档案的完整性和传播性；第三，针对在社会化网络中直接生成的档案按照归档要求进行备份、归档。

随着现代信息技术的广泛应用，电子文件大量产生，成为记录社会活动的新的档案形态，接收电子档案是档案信息社会化网络资源建设的重要任务。各级各类档案馆应建立数字档案移交与归档制度，制定相关的标准和工作流程，配备社会化网络安全防护和数字化技术手段，从源头上确保数字档案的真实性与完整性。

2.档案信息数据库建设

建设档案信息数据库的目的是存储和保管数字化档案，经合理分类和规范化处理后，有效整合各类档案信息。它包括基础数据库和特色数据库两类：基础数据库综合了社会公众在日常工作生活中直接形成的具有保存价值的档案，包括政治、经济、法律、教育、文化等各专业领域的信息，记录和见证了国家与个人的发展历史及进程；特色数据库是依据地域特色建立的数据库，这类数据库在保持档案的真实性和原始记录性的同时，突出自身特色。档案信息数据库的建设以档案信息收集为前提条件，通过技术手段对档案信息进行整理和编研，形成具有针对性、专题性的档案信息。

（二）档案信息社会化网络资源的技术建设

1.硬件环境建设

结合档案部门的现实情况，置办相关的技术设备和基础设施，还需要建立专门的微机室、多媒体制作室、数字档案信息保管室及阅读场所。

2.软件环境建设

档案信息社会化网络资源建设需要很多关键技术来支撑。档案信息社会化网络传播平台，是依托无线网络进行管理和访问的。现在中国联通、中国移动、中国电信已经由4G技术向先进的5G技术发展，用户能够通过5G无线网络更便捷地获取档案信息。但是5G技术还不成熟，网络覆盖率不高，国家有关部门与运营商应协作解决这些问题，建设全面、快捷的绿色无线网络环境。

无线网络技术的高速发展给档案用户带来全新的服务体验，档案管理人员必须熟练操作数字档案信息软件，才能保障档案信息的有效、及时传播。数字档案信息软件是一个具有多个功能的复杂系统，具体包括档案管理系统、电子公文归档系统、决策支持系统、财务系统、虚拟信息系统等。这些软件专业性极强，需要专业的档案人员来操作使用。

3.网络环境建设

数字档案馆的网络基础设施包括局域网、电子政务内网、电子政务外网以及互联网。档案馆局域网主要用于档案馆内部的行政管理、档案整理与检索等。为保障涉密电子文件与数字档案的安全，局域网、政务内网与政务外网间采取物理隔离的办法。

档案信息社会化网络资源建设就是运用数字化的技术手段，将纸质、缩微、声像、实物及其他载体的档案与资料进行合理组织、优化配置，同时整合"虚拟"档案，使之最终形成完整的档案信息社会化网络系统。档案信息社会化网络资源建设不仅包括档案信息内容建设，还必须有相关技术的支撑，才能更好地为用户提供多媒体数字信息传播服务。

六、档案信息社会化网络传播

（一）社会化网络和传播路径

1.社会化网络

社会化网络是基于用户之间的社会关系分享、交流以及获取信息的平台，社会化网络结构中的节点可以是个人也可以是组织，信息是沿着节点传播的，不同节点之间的连线构成了信息传播的路径。合理的传播路径能拓宽传播区域、延长传播时间，档案工作人员可以通过合理布局或限制节点来监管档案信息传播的过程。因此，探析社会化网络传播路径是档案信息传播流程管理的必要环节。

2.传播路径

路径一：档案馆作为传播主体，将馆藏档案信息通过社会化网络媒介向社会化网络受众（包括档案专家）传播。这种传播模式属于"中心式"传播，由档案原创节点（档案馆）向一级传播节点（档案馆关注者）传播档案信息，每条分路径长度较短，传播路径呈散发状。

路径二：档案专家作为传播主体，将档案信息资源通过社会化媒介全部或部分向社会公众传播，部分受众接收信息后对此进行评论、转发。这种传播模式也属于"中心式"传播。

路径三：档案界权威人士将馆藏档案信息资源或从社会化网络媒介获取的档案信息资源经过加工整理后向社会公众传播。这种传播模式属于"关键点"传播，由档案原创节点（档案馆）发出档案信息，原创节点之外会形成局部的"中心"传播，部分节点（档案专家）的影响力接近甚至超过原创节点，这些关键点推动了档案信息，扩大了传播效果。

路径四：档案信息社会化网络受众将掌握的档案信息部分或全部通过社会化传播媒介向外输出，主要是基于传播者个人的社会网络内部传播，传播范围较小，以"链"式传播为主，是一种小众化的传播模式。"链"式传播是以原创节点为起点，沿着某个关系链不断传递下去。

在档案信息实际传播中，主要是多种方式综合的结果，若想扩大档案信息的速度和范围，就必须采用综合式传播。综合式传播一般具有较明显的中心传播特点，受众接受档案信息的同时进行再次传播，每个关键节点都会形成局部"中心式"传播。解析社会化网络传播路径，对于档案数据采集、信息推荐与过滤、传播媒介的选择、剔除消极影响等意义重大，档案馆下一步工作的重点——如何从社会化网络中自动发现和控制利用传播路径。

（二）档案信息社会化网络传播效果的评估

档案信息社会化网络传播效果的评估是指基于明确的目标，由专业的评估机构和人员，履行必要的评估程序，对传播效果进行客观、公正的评判。档案信息社会化网络传播效果评估虽然是档案信息流程管理的最后一个部分，但却是不可缺少的环节，具有重要价值。档案部门必须重视对社会化网络传播效果的评估，不断总结经验与教训，调整并逐步优化档案信息社会化网络传播过程，规范和引导档案工作，促进档案事业持续健康发展。

1.评估的原则

档案信息社会化网络传播效果的评估工作必须秉承科学、可操作、动态、全面和系统的基本原则，这样才能确保评估结果真实有效。

（1）科学性原则

评估要与实际相结合，在综合考虑的情况下，选择最适合评估目标的评估指标，确保其能正确反映档案信息传播的实际效果。

（2）可操作性原则

档案信息社会化网络传播效果的评估指标必须具有有效性和可操作性，即评估指标与实际相符，易于收集。

（3）动态性原则

档案信息社会化网络传播是一个动态的过程，移动通信网络、网络病毒、档案信息等都会影响档案信息社会化网络传播的过程。档案信息社会化网络传播效果也是动态积累的过程，评估是贯穿整个传播过程的。因此，不能仅对社会化网络传播的结果进行评估，结果和过程要兼顾，评估的指标也不能是单一的、静态的。

（4）全面性原则

全面性的评估强调整体性，应当贯穿档案信息传播的全过程，囊括每一项相关指标。

（5）系统性原则

评估指标的确定是在满足上述原则的基础上还要保证系统性原则，即评估要循序、连贯地进行，在确定评估主体之后，只有选择典型的评估客体以及建立完善的评估体系，才能对档案信息社会化网络传播效果进行有效评估。

2.评估的主体与客体

（1）评估主体

档案信息社会化网络传播效果的评估主体就是对档案信息传播效果进行评估的组织、团体或个人。

（2）评估客体

档案信息社会化网络传播效果的评估客体——档案馆，通过测评指标评估档案信息传播效果。

3.评估的方式

（1）自我评估

自我评估是档案信息服务部门的自我反思与评价，其对档案信息社会化网络传播平台的情况最为熟悉，内部自我评估有利于保证档案信息传播过程的顺利进行，保证档案信息服务部门既定方针的贯彻执行。但是，由于评估主体单一，容易产生对评价结果的质疑，评价结果也容易受主观因素的干扰，从而影响评估结果的公平公正。

（2）外部评估

档案专业评估机构能以专业、客观的视角进行评估，档案馆可在自我评估基础上引入专业评估机构对其传播工作进行综合评估，评估结果相对专业、客观。在档案信息传播领域，具有专业性和权威性的档案界人士对档案信息的组织和利用能力较强，能客观、公正地对档案信息社会化网络传播效果进行评估。

4.评估指标体系

这里从社会化网络受众满意度、档案馆效益、社会化网络传播质量三个维度来构建档案信息社会化网络传播效果评估基本指标体系。

（1）社会化网络受众满意度评估

受众是信息传播的中心，对受众满意度的评估直接影响传播效果的评估。受众满意度评估是档案信息社会化网络评估的首要指标，如果没有对受众满意度的评估，则是一种片面的评估。

在社会化网络环境下，影响档案信息受众感知档案信息传播的因素主要有以下几点：

第一，档案部门提供的档案信息的可靠性和及时性。档案部门根据档案信息受众的需求及时准确地为受众提供可靠的档案信息，档案受众满意度将会提高。

第二，档案信息传播的保证要素。硬件设施和软件设施是档案部门提供档案信息传播的基本保证。

第三，档案信息分众传播和个性化服务。由于受众类型多样，要提高档案信息社会化网络传播效果，必须划分用户族群，分别采用不同的传播策略与机制，从而提供个性化服务。

根据档案信息受众感知档案信息传播的影响因素，受众满意度的评估可以参考以下几种指标：

指标一：条件保障。条件保障包括基础设施和馆员服务。其中，基础设施是必备条件，包括办公软件、数字化转换设备以及档案信息社会化加工、编研与输出设备等。馆员服务指馆员是否以受众为中心，服务态度是否热情、有耐心，是否能及时、准确地满足公众的信息需求。

指标二：档案信息内容。对档案信息内容的评估包含综合内容评估和特色性内容评估。综合内容是指档案馆基本概况及职能、馆藏资源的简介、业务动态等。特色性内容主要指各档案馆的特色馆藏资源——反映地方特色、文化特色、时代特色，具有重要影响和利用价值的档案资料。

指标三：档案传播结果。对档案传播结果的评估包括传播预期、用户反馈的满意度、档案信息传播对用户的影响等。传播预期是对服务水平的评价，也就是用户认为能够得到的服务水平，主要从解答问题的时效，正确的、权威的、全面的解答以及解答问题的格式等部分进行评估。用户反馈的满意度是指用户对于档案信息传播的建议和批评。档案信息传播对用户的影响是指档案信息传播在某一方面帮助了用户，如为用户解决了一个信息问题、为学生提供学术所需的期刊资源等。

（2）档案馆效益评估

档案馆为非营利性机构，由于受收入与成本分离、档案的产出难量化、软预算约束等因素的影响，导致档案馆很难以最低成本获得最大的产出，使得档案馆并不重视档案的产出与效果。实际上，档案效益评估是非常重要的，对档案馆效益进行正确评估，可以促进档案馆合理分配资源、科学管理、优化投入与产出。档案信息传播不仅具有社会效益，还具有一定的经济效益。因此，档案馆效益评估也是从其经济效益和社会效益两方面进行评估的。

档案馆在进行社会化网络传播过程中，在呼吁档案信息化数字化建设的同时，需要有成本意识，确保利用有限的资源达到理想的传播效果。档案馆经济效益的评估从经济性、效率性、效果性方面开展。

（3）社会化网络传播质量评估

社会化网络传播质量评估是档案信息社会化网络传播效果评估的关键部分，是提高档案信息社会化网络传播的重要保障。社会化网络传播质量评估指标主要包括：第一，礼貌。对社会化档案管理人员的礼貌程度给出分值。第二，正确性。社会化档案管理人员所提供档案传播结果的正确性。第三，满意度。对所获得档案信息传播服务的满意度给出分值。第四，重复性。特定时间段内使用社会化媒介检索阅读档案信息的次数。第五，公知度。至少有占规定百分比的特定服务对象（如大学生、档案专业人员等）知道档案馆提供档案信息社会化传播服务。第六，完成时间。档案信息传播平均完成时间是多少小时。

参 考 文 献

[1]柴长俞.档案管理与信息化建设[M].南京：江苏凤凰美术出版社，2017.

[2]陈亦楠.湖南省档案馆民国档案数字化建设研究[D].湘潭：湘潭大学，2020.

[3]董巧仙.档案管理信息化[M].郑州：大象出版社，2008.

[4]刘亚静.档案管理信息化与自动化探索[M].天津：天津科学技术出版社，2018.

[5]方侠."数据驱动"理念在省级综合档案馆中的应用研究[D].湘潭：湘潭大学，2021.

[6]韩梦.基于WEB的纸质档案数字化系统研究与实现[D].西安：西安理工大学，2019.

[7]金波，张大伟.档案信息化建设[M].上海：上海教育出版社，2016.

[8]马仁杰，张浩，马伏秋.社会转型期档案信息化与档案信息伦理建设研究[M].上海：世界图书上海出版公司，2014.

[9]马长林，宗培岭.档案馆信息化建设探论[M].上海：上海社会科学院出版社，2006.

[10]潘连根.数字档案馆研究[M].北京：中国档案出版社，2005.

[11]潘潇璇.档案管理理论研究[M].延吉：延边大学出版社，2018.

[12]四川省档案局.档案信息化建设[M].成都：四川人民出版社，2017.

[13]吴广平，向阳.档案工作实务[M].北京：北京大学出版社，2008.

[14]王辉，关曼苓，杨哲.大数据环境下档案信息化管理[M].延吉：延边大学出版社，2018.

[15]王雨.企业档案信息化建设理论与实践[M].延吉：延边大学出版社，2018.

[16]王玉蓉.电子档案管理业务流程重组研究[D].湘潭：湘潭大学，2021.

[17]薛四新，杨艳，黄存勋.现代档案管理基础[M].北京：机械工业出版社，2007.

[18]薛四新，彭荣，陈永生.档案信息化应用系统建设[M].北京：机械工业出版社，2006.

[19]薛四新.档案馆现代化管理[M].北京：电子工业出版社，2019.

[20]谢钊.高校档案信息化建设[M].哈尔滨：哈尔滨工程大学出版社，2017.

[21]徐华，张敏，王顺.档案信息化建设实验教程[M].北京：北京师范大学出版社，2012.

[22]许秀.高校档案管理与信息化建设研究[M].哈尔滨：哈尔滨工业大学出版社，2019.

[23]杨公之.档案信息化建设实务[M].北京：中国档案出版社，2003.

[24]杨红.浅析档案信息化管理的发展趋势[J].兰台世界，2014（S5）：71-72.

[25]杨阳.高校档案管理信息化建设[M].长春：吉林文史出版社，2019.

[26]张姬雯.档案信息化工作实用手册[M].南京：南京师范大学出版社，2005.

[27]张静.档案信息化与开发利用研究[M].长春：吉林人民出版社，2017.

[28]张照余.档案信息化理论与实践[M].北京：中国档案出版社，2007.

[29]赵娜，韩建春，谢娟，等.信息化时代的档案管理精要[M].天津：天津科学技术出版社，2018.

[30]赵屹.档案信息网络化建设[M].北京：北京图书馆出版社，2003.

[31]左婷婷.高校档案公共服务与信息化管理[M].长春:吉林出版集团股份有限公司，2018.

[32]朱春巧.信息化时代下高校档案管理创新研究[M].长春：东北师范大学出版社，2018.

[33]张倩.哈尔滨市档案网站建设状况调研分析[D].哈尔滨：黑龙江大学，2018.

[34]张茜.数字档案馆风险管理研究[D].上海：上海大学，2020.

[35]张天航.基于区块链技术的电子档案"四性"保障研究[D].湘潭：湘潭大学，2021.